Bauerngarten im Lieper Winkel

Otto-Lilienthal-Museum in Anklam

8 Atelier Otto Niemeyer-Holstein in Koserow
Um einen ausrangierten S-Bahn-Waggon errichtete der Altmeister der norddeutschen Landschaftsmalerei sein kurioses Zuhause (Seite 47)

9 Halbinsel Gnitz
Bilderbuchlandschaft mit Steilufer, Dünen, Wassertümpeln und dem Weißen Berg (Seite 55)

10 Benz
Das Kunstdorf: Windmühle mit Kunstausstellungen, Kunstkabinett und die Kirche mit kulturellen Veranstaltungen (Seite 57)

11 Golm
Einer der größten Kriegsgräberfriedhöfe in Deutschland, guter Aussichtspunkt und Reste eines bronzezeitlichen Burgwalls (Seite 60)

12 Peenemünde
Entwicklungsstätte einer der grausamsten Waffen und Wiege der Weltraumfahrt (Seite 61)

13 Lieper Winkel
Allein mit der Natur. Die flach ins Achterwasser ragende Halbinsel ist Usedoms ruhigste Ecke (Seite 64)

14 Shetlandponys
Bei einem Ausflug zur Greifswalder Oie schließen Sie Freundschaft mit wild lebenden Shetlandponys (Seite 69)

15 Nationalpark Wolin
Eine wunderschöne Landschaft im Nachbarland bekam den höchsten Schutzstatus (Seite 76)

★ *Die Highlights sind in der Karte auf dem hinteren Umschlag eingetragen*

INHALT

Die wichtigsten MARCO POLO Highlights

Sehenswürdigkeiten, Orte und Erlebnisse, die Sie nicht verpassen sollten

1. **Heringsdorf goes Fashion**
Die große Oper der Modepräsentation: Toplabels der nationalen und internationalen Modebranche zeigen ihre Kollektionen (Seite 24)

2. **Usedomer Musikfestival**
Vielseitiges Programm mit den Auftritten der Preisträger der New Yorker Stiftung »Young Concert Artists« (Seite 25)

3. **Otto-Lilienthal-Museum**
In Anklam Nachbauten verschiedener Flugapparate des berühmten Ingenieurs, der sich seinen Traum vom Fliegen erfüllte (Seite 28)

4. **Petrikirche Wolgast**
Vom 56 m hohen Turm reicht der Blick weit bis nach Usedom (Seite 30)

5. **Erlebnisbad Ostseetherme**
Subtropisches Badeparadies zwischen Ahlbeck und Heringsdorf (Seite 36)

6. **Bäderarchitektur**
Prachtvolle Villen aus der Kaiserzeit prägen das Gesicht des Seebades Heringsdorf (Seite 39)

7. **Seebrücke Heringsdorf**
508 m ragt das Bauwerk mit Geschäften, Cafés, Kino, Muschelmuseum, Ferienwohnungen und zwei Restaurants am Brückenkopf in die Ostsee (Seite 40)

Die Seebrücke in Heringsdorf

Entdecken Sie Usedom!

Traditionsreiche Badeorte, hügeliges Hinterland und Natur pur auf Deutschlands zweitgrößter Insel

Trubel am Strand oder Einsamkeit im Hinterland, Baden in der Ostsee oder Wandern um einen Binnensee – Usedom ist voller Naturschönheiten und so kontrastreich, dass die Langeweile zu Hause bleiben wird. Dicht aneinander drängen sich an der Ostseeküste die Badeorte, darunter solche traditionsreichen wie Ahlbeck, Bansin, Heringsdorf und Zinnowitz. Nur einige hundert Meter vom Bädertrubel entfernt dösen kleine Kaffs vor sich hin, Dörfer mit sandigen Wegen, blumengeschmückten Vorgärten, reetgedeckten, weiß gekalkten Häuschen. Usedom vereint auf 445 km² alle landschaftlichen Besonderheiten der Ostseeküste: flache Dünen, Steilufer und einen 38 km langen, weißen Sandstrand, dazu leicht gewelltes Hinterland mit Wäldern, Wiesen, Äckern, Boddengewässern und mehr als einem Dutzend Binnenseen. Zum Wahrzeichen der Insel wurde das fast hundertjährige Seebrückengebäude in Ahlbeck, das einzige historische, das an der Ostseeküste erhalten geblieben ist.

Das Kaiserbad Heringsdorf mit seinem feinsandigen Strand gehört zu den schönsten Bädern Usedoms

Weiße Prachtvillen in Zinnowitz

Und nicht zu vergessen: Die Meteorologen haben anhand ihrer Aufzeichnungen der letzten 30 Jahre ermittelt, dass Usedom die sonnenreichste Ferienregion Deutschlands ist: 1906 Stunden scheint auf der Insel im Jahresdurchschnitt die Sonne.

Vor allem im letzten Jahrzehnt des 20. Jhs. schossen auf der Insel Pensionen und Hotels aus dem Boden. Sie bekamen Türmchen, Säulen, Erker und kunstvoll verzierte Loggien. Bäderarchitektur wird dieser Baustil allgemein genannt, der den Badeorten Usedoms bis heute ein eigenes, unverwechselbares Gesicht gibt. Auch dem polnischen Teil mit Swinemünde. Denn seit dem Ende des Zweiten Weltkrieges ist Usedom geteilt. Die Alliierten sprachen die Odermündung einschließlich Swinemünde Polen zu.

Geschichtstabelle

Um 600 Slawische Stämme besiedeln die Insel

1128 Beginn der Christianisierung

1534 Der Klosterbesitz geht nach der Reformation überwiegend in das Eigentum des Herzogs von Pommern-Wolgast über

1648 Ende des Dreißigjährigen Krieges mit dem Westfälischen Frieden, in dem Vorpommern mit der Insel Usedom den Schweden zugesprochen wird

1720 Teilung von Vorpommern am Ende des Nordischen Krieges, Usedom fällt an Brandenburg-Preußen

1824 Eröffnung der ersten Badesaison auf der Insel in Swinemünde

1843 Karl Wilhelm Meinholds Roman »Maria Schweidler, die Bernsteinhexe« erscheint

1855 Auf der Greifswalder Oie wird der Leuchtturm eingeweiht

1876 Usedom erhält Eisenbahnanschluss von Berlin über Ducherow

1932 Die Straßenbrücke bei Zecherin wird freigegeben, zwei Jahre später die in Wolgast

1945 Der Ostteil der Insel (Swinemünde) wird auf der Potsdamer Konferenz Polen zugesprochen, der größere Teil verbleibt bei Deutschland

1953 Unter dem Tarnnamen »Aktion Rose« werden unter Vorwänden viele Hotel- und Pensionsbesitzer verhaftet und später enteignet

1972 Die bis dahin mit Stacheldraht abgeriegelte Grenze zum »sozialistischen Bruderland Polen« wird für Besucher geöffnet, bei Ahlbeck entsteht ein Übergang

1990 3. Oktober: Beitritt der DDR zur Bundesrepublik Deutschland, Usedom gehört zum wieder gebildeten Bundesland Mecklenburg-Vorpommern

1993 In Koserow und Zinnowitz werden die ersten nach der Einheit errichteten Seebrücken festlich eingeweiht

1994 Erstes Usedom-Musikfestival

1995 Die schwerste Sturmflut der letzten 40 Jahre verursacht in der Nacht vom 3. zum 4. November Landabbrüche bis zu 10 m

1997 Start der Vineta-Festspiele

1999 Teile von Usedom erhalten den Schutzstatus eines Naturparks

2000 Usedom wird nach 55 Jahren wieder an das Bahnnetz des Festlandes angeschlossen

Zum Gesicht der Seebäder gehören auch die Seebrücken. Entstanden waren sie in den Jahren, als die Gäste noch auf dem Wasserweg in die Badeorte gebracht werden mussten, weil es keine Eisenbahn und Straßen gab. Später dann avancierten sie zu Flaniermeilen, und das sind sie bis heute geblieben. Die schönste Seebrücke mit verschnörkelten Aufbauten besaß Heringsdorf. Im strengen Winter 1941/42 zerstörten fast überall Eisschollen die hölzernen Bauwerke. Zu DDR-Zeiten waren Schiffspartien auf der Ostsee untersagt, also brauchte man keine Seebrücken. Nach der Einheit, als es Fördermittel für den Neubau gab, erlebten die Seebrücken ihre Renaissance. Zinnowitz, Koserow und Bansin legten sich wieder eine zu, der Seebrückenpavillon in Ahlbeck bekam seinen Landungssteg zurück. In Heringsdorf bauten private Investoren eine Brücke, die nicht nur die modernste, sondern mit 508 m auch die längste bewirtschaftete in Kontinentaleuropa ist.

» Deutschlands zweitgrößte Insel «

Fast alle der schönen alten Pensionen und Hotels wurden nach und nach restauriert und modernisiert, viele neue entstanden, sodass sie auf internationalem Niveau Vergleiche nicht scheuen müssen. Gebaut wird auch weiterhin, vorrangig sind es Einrichtungen, die den Gästen an Schlechtwettertagen im Sommer und in der kühlen Jahreszeit Abwechslung bieten sollen. Immer mehr Hotels legen sich Wellnessbereiche zu oder erweitern ihren Swimmingpool zu solchen Wohlfühl-, Fitness- und Schönheitstempeln. Einige von ihnen sind gegen Gebühr auch für Nichthotelgäste geöffnet, so im Ferienparadies Lütow auf der Halbinsel. Usedom möchte ein ganzjähriges Ferienziel werden.

Momentaufnahme: Fischerboote im Hafen von Krummin

Usedom literarisch

Eine kleine Auswahl an Büchern zum Einstimmen oder Vertiefen

In dem Roman »Die Bernsteinhexe Maria Schweidler« schildert der Usedomer Pfarrer Karl Wilhelm Meinhold mit historischer Detailkenntnis das Schicksal der schönen Pfarrerstochter Maria Schweidler, die während des Dreißigjährigen Kriegs gegen die Hexenverfolgung auftritt. Von Meinhold stammen auch die »Humoristischen Reisebilder von der Insel Usedom«, die erstmalig 1837 erschienen sind. Volkskundlich und literarisch bedeutsame Sagen und Märchen hat Albert Burkhardt in dem Buch »Vineta« zusammengetragen, darunter die Geschichte von der legendären Stadt auf dem Meeresgrund. Denn hartnäckig schwören die Usedomer, das von der Ostsee verschlungene Vineta habe sich vor ihrer Küste befunden. Was Fontane und Carola Stern, Victor Klemperer und andere über Usedom schrieben, haben Jürgen Grambow und Wolfgang Müns in »Bernsteinhexe und Kaiserbäder« zusammengetragen.

Bauherren werden auf Usedom oft Zügel angelegt, sie dürfen nur so bauen, wie es die Gemeindevertreter wünschen. Aber zwei Baumeister scheren sich nicht um Gesetze, Erlasse und Genehmigungen, sie modellieren seit Jahrtausenden ungefragt die Küste: Sturm und Wasser. Unablässig nagen beide an den Steilküsten und brechen immer wieder große Teile heraus, die das Meer fortträgt. Am Langen Berg bei Bansin wurde 1878 ein hölzerner Aussichtsturm errichtet, der rund 40 m vom Steilhang entfernt stand. Schon vor Jahrzehnten ist sein Betonfundament in die Tiefe gestürzt. Auch ohne Turm beeindruckt die Aussicht vom Langen Berg, doch schöner sind die Blicke von den zahlreichen Hügeln – die Usedomer sprechen von »Bergen« – im Hinterland. Stets werden Sie irgendwo Wasser erblicken, denn mehr als ein Dutzend Seen liegen in die Landschaft gebettet, schilfbewachsen die einen, mit Badestränden die anderen.

» Bilder wie aus Kaisers Familienalbum «

Schöne Ansichten schenkt das leicht gewellte Hinterland der Insel zu allen Jahreszeiten. Im Frühjahr blühen auf der Halbinsel Gnitz Felder von saftigen Sumpfdotterblumen, im Mai und Juni leuchten im Usedomer Winkel die gelben Rapsfelder, und einige Monate später hängen im Lieper Winkel die Sträucher voller schwarzblauer Brombeeren, zeigen sich die Buchenwälder in prächtigen Farben.

Usedoms Geschichte war zu allen Zeiten bewegt. Zu ihr gehört der Pirat Klaus Störtebeker, der hier einen Schlupfwinkel besessen haben soll, ebenso wie die gotteslästerliche Gold- und Silberstadt Vineta, die angeblich vor der Küste Koserows unterging. Auf Usedom liegt auch Peenemünde, heute einer der historisch problematischsten Orte in Deutschland. Denn im Norden Usedoms ließen die Nazis die erste automatisch gesteuerte Flüssigkeitsgroßrakete der Welt entwickeln, die in Westeuropa unermessliche Schäden anrichtete. Die V 2 war aber auch die erste Rakete, die die Atmosphäre durchstieß und somit das Tor zum Weltraum öffnete. Peenemünde ist somit auch Geburtsort der Raumfahrt.

» Viel Ruhe und frische Luft «

Die Raketenbauer hatten nicht nur Peenemünde für die Öffentlichkeit gesperrt, sie riegelten den ganzen Nordteil der Insel ab und sperrten ferner die vorgelagerten kleinen Inseln Ruden und Greifswalder Oie. Auch zu DDR-Zeiten blieben die Inseln Touristen verschlossen. Seit der Einheit können Sie sich wieder wie vor Jahrzehnten von Fahrgastschiffen auf den Ostseewellen zu den beiden kleinen Schwestern Usedoms tragen lassen.

Deutschlands zweitgrößte Insel bietet noch viele Bilder wie aus Kaisers Familienalbum. Ihnen wieder den rechten Glanz zu geben, darum bemühen sich die Usedomer seit der Einheit Deutschlands nach Kräften. Sie sind dabei, auch die letzte Ecke herauszuputzen, und mittlerweile fühlen sich selbst verwöhnte Gäste auf Usedom wieder wohl. Und die meisten von ihnen schwärmen – wie Theodor Fontane vor über hundert Jahren – von der »Ruhe und frischen Luft« und dem »Blick durch die Bäume hindurch auf das graue Meer«, der »poetisch und für Herz und Sinn unendlich wohltuend« sei.

Gilt als Usedoms ruhigste Ecke: der Lieper Winkel

B L 4866

Alleen, Bernstein und Vineta

Von allerlei Schätzen über und unter dem Meeresspiegel

Alleen
Grüne Tunnel werden die baumbestandenen Straßen genannt, weil die Kronen der Bäume sie fast undurchdringlich überspannen. In der Vergangenheit halfen die Linden, Kastanien und Apfelbäume, sich zu orientieren: Bei hohem Schnee markierten sie den Weg zu Nachbarorten, im Sommer spendeten sie Pferdefuhrwerken angenehmen Schatten. Die schönste Allee Usedoms führt von der B 111 nach Krummin.

Bernstein
»Gold des Nordens« wird der Bernstein auch genannt, Stürme tragen ihn im Seetang an Usedoms Küste. Die kleinen, weingelben bis rötlichen Steine haben ein Alter von etwa 40 Mio. Jahren; sie entstanden aus dem erhärteten Harz vorzeitlicher Nadelbäume. Bernstein lässt sich bohren, sägen, schleifen und brennt mit heller, stark rußender Flamme und angenehmem Geruch. In Bernsteinstücken sind oft Pflanzenreste wie zum Beispiel Tannennadeln oder Fliegen, Mücken und Käfer eingeschlossen, Inklusen genannt. Durch diese Einschlüsse wissen wir, welche Insektenarten vor Millionen Jahren im Fundgebiet lebten.

Einzigartiges Kulturerbe: Usedoms von Bäumen gesäumte Alleen gehören mit zu den schönsten

Braun, Dr. Wernher Freiherr von (1912–77)
Der Wissenschaftler hatte als Raketenforscher einen maßgeblichen Anteil an der Entwicklung der Raumfahrt. 1937 setzten ihn die Nationalsozialisten als technischen Direktor der Heeresversuchsanstalt Peenemünde ein. Unter von Brauns Leitung wurde die erste moderne Großrakete der Welt, die V 2, entwickelt und erprobt. Der Wissenschaftler war Mitglied der NSDAP und SS, Hitler selbst ernannte ihn zum Professor.

Als von Braun nach dem Zweiten Weltkrieg in die USA übersiedelte, folgten ihm mehr als hundert seiner Mitarbeiter. Er war verantwortlich für Bau und Start des ersten amerikanischen Erdsatelliten und der Saturn-Raketen.

Fauna
In der Ostsee werden vor allem Dorsch, Flunder und Hering gefangen, in den Boddengewässern Hecht, Barsch, Aal und Zander. Am

Strand liegen die gerippten Herzmuscheln, die rosafarbenen Baltischen Plattmuscheln und die ovalen Sandklaffmuscheln. Charakteristischer Vogel der Küste ist die Möwe, am häufigsten kommt die Lachmöwe vor, die ihr Nest in Kolonien am Boden baut und von Insekten, wirbellosen Tieren, Fisch und Abfall lebt. Mehr als ein Dutzend Seeadlerpaare haben auf Usedom ihre Horste, aber wo, das bleibt das Geheimnis der Naturschützer. Reh, Rotwild, Damwild und Wildschwein sind auch in Usedoms Wäldern zu Hause.

Fischotter

Der vom Aussterben bedrohte Fischotter hat auf Usedom noch sein Zuhause. Jahrhunderte wurden die Tiere ihres Pelzes wegen unbarmherzig gejagt. Touristen bekommen die possierlichen Tiere jedoch kaum zu sehen, denn sie sind nachtaktiv, scheu und äußerst schnell. Fischotter legen auf dem Land bis zu 8 km pro Stunde zurück, im Wasser schaffen sie bis zu 12 km. Den Eingang zu ihrem Bau graben sie meist einen halben Meter unter der Wasseroberfläche. Dort, wo die Tiere Straßen überqueren, fordern Verkehrsschilder dazu auf, zwischen 21 und 6 Uhr die Geschwindigkeit zu drosseln.

Flora

Seit 1999 haben große Teile auf Usedom den Status eines Naturparks. Das geschützte Gebiet ist 720 km^2 groß. Überwiegend Kiefern, Erlen, Buchen, Birken und Fichten wachsen auf Usedom. Blau- und Preiselbeerensammler schwärmen von der oft reichlichen Ernte. Stieleichen-Birkenwälder stehen im Gebiet Peenemünde, Mölschow und Lütow. Auf den feuchten Böden um den Gothensee, den Schmollensee und den Kachliner See wachsen Erlen und Eschen. Die Dünen der Außenküste sind vorwiegend mit Strandhafer befestigt. Auf der Greifswalder Oie wird die Stranddistel oft meterhoch, unübersehbar sind ihre metallisch glänzenden Blätter und die stahlblauen Blüten im Hochsommer.

Lilienthal, Otto (1848–96)

Der Anklamer entwickelte mit seinem »Segelapparat« das erste flugfähige Gleitflugzeug und damit das erste Flugzeug der Welt. In seiner Geburtsstadt erinnern an den Flugpionier ein Museum, ein Denkmal am Rand des Marktplatzes, das Relief in der Rathaushalle, die Büste an der Stelle des nicht mehr vorhandenen Geburtshauses in der Peenstraße und der seinen Namen tragende Verkehrslandeplatz. Lilienthal war als Flugzeugkonstrukteur zugleich sein eigener Testpilot. 1891 gelangen ihm die ersten Sprünge bis zu 15 m, fünf Jahre später verunglückte er bei einem Routineflug in den Rhinower Bergen in der Mark Brandenburg tödlich.

Meinhold, Karl Wilhelm (1797–1851)

Als Pfarrer in Krummin (1827–44) schrieb Meinhold seinen bekanntesten Roman »Maria Schweidler, die Bernsteinhexe« mit dem langen Untertitel: »Der interessanteste aller bisher bekannten Hexenprozesse, nach einer defekten Handschrift ihres Vaters, des Pfarrers Abraham Schweidler in Coserow auf Usedom« (1843). Meinhold schildert darin mit historischer Detail-

Die Seebrücke von Heringsdorf zählt zu den architektonischen Kleinoden

kenntnis das Schicksal der schönen Pfarrerstochter Maria Schweidler, die während des Dreißigjährigen Krieges gegen die Hexenverfolgung auftritt. Er verstand es hervorragend, die Denk- und Sprechweise des 17. Jhs. wiederzugeben, sodass viele, so etwa Heinrich Heine, dieses Werk für einen authentischen Bericht hielten.

Ökologie

Regelmäßig entnommene Wasserproben belegen: An der Ostseeküste von Usedom kann heute bedenkenlos gebadet werden. Die Wasserqualität entscheidend verbessert hat die Swinemünder Kläranlage, die als eine der modernsten Europas 1997 fertig gestellt wurde. Die von Deutschland mitfinanzierte Anlage wird nicht nur von der polnischen Stadt Swinemünde genutzt, sondern auch von Orten im deutschen Inselteil. Ungeklärte Abwässer gelangen hier also nicht mehr ins Meer. Da das aber noch nicht überall an der Küste so ist, gehört die Ostsee weiterhin zu den besonders gefährdeten Meeren, weil sie nur durch drei schmale Stellen frisches Salzwasser erhält.

Plattdeutsch

Nur ältere Usedomer sprechen untereinander noch Plattdeutsch, wie das Niederdeutsche landläufig genannt wird. Vom 14. Jh. an war es die Verkehrssprache, wurde aber ab dem 16. Jh. vom Hochdeutschen abgelöst, das hauptsächlich der Adel und das Bürgertum schrieben und sprachen. Die Umgangssprache der einfachen Bevölkerung blieben das Plattdeutsch und seine zahlreichen landschaftlich gebundenen Dialekte.

Runge, Philipp Otto (1777–1810)

Der Begründer der romantischen Malerei reiste oft von Hamburg, seinem Wohnsitz, zu seiner Geburtsstadt Wolgast, um von dort aus nach Usedom und Rügen zu wandern. Runge beeinflusste die deutsche Malerei nicht nur durch seine kraftvoll realistischen Bildnisse, sondern auch durch seine in Briefen festgehaltenen Erkenntnisse zur Farbenlehre. Darüber hinaus hat er auch Märchen gesammelt. So stammt das bekannte plattdeutsche Märchen »Vom Fischer un syner Fru« von Runge; die Brüder Grimm nahmen es in ihre Sammlung auf. Runge wurde als neuntes von elf Kindern geboren. Sein Geburtshaus Kronwiekstraße 45 in Wolgast wurde restauriert und 1997 als Museum eröffnet.

Salzhütten

Nach 1820 förderte der preußische Staat die Strandfischerei, indem die Fischer steuerfreies Salz für die Konservierung der Fische erhielten. Um das Salz unter Verschluss lagern zu können, bauten sie kleine, in Fachwerk oder aus Backstein errichtete Häuser, doch die großen Sturmfluten von 1872 und 1874 zerstörten sie. Die Salzhütten wurden wieder auf- und ausgebaut, doch nutzten die Fischer sie jetzt meist als Arbeitsraum. Bei der Koserower Seebrücke, aber auch in den Dünen von Zempin stehen noch eingeschossige, rohrgedeckte Salzhütten. Die in Koserow werden heute als Gaststätte, Museum und Souvenirgeschäft genutzt.

Seenotrettung

Zu bis zu 400 Einsätzen laufen im Jahr die Seenotkreuzer aus, die entlang der Ostseeküste von Mecklenburg-Vorpommern stationiert sind. Die Rettung von Menschen aus Seenot obliegt der in Bremen ansässigen Deutschen Gesellschaft zur Rettung Schiffbrüchiger, kurz DGzRS genannt. Gegründet wurde die DGzRS am 29. Mai 1865 in Kiel. An der Ostseeküste von Mecklenburg-Vorpommern unterhält sie elf Stationen. Seenotkreuzer liegen u. a. am Ufer der kleinen Insel Greifswalder Oie zwischen Usedom und Rügen sowie am Alten Strom in Warnemünde. Schirmherr des deutschen Seenotrettungswerks ist der Bundespräsident.

Strandfreuden und -moden von einst zeigt das Bademuseum in Zinnowitz

Strandkorb
Tausende dieser »Strandmöbel« werden im Mai aufgestellt und im Oktober wieder in den Lagerräumen verstaut. »Erfunden« wurde der Strandkorb 1882 in Rostock von Hofkorbmachermeister Wilhelm Bartelmann, der einer älteren, rheumakranken Dame einen mit Markisenstoff überdachten Rohrstuhl als Windschutz baute. Am 14. Juni 1883 ließ Bartelmann im »Allgemeinen Rostocker Anzeiger« jene Annonce veröffentlichen, mit der der Siegeszug des Strandkorbes begann: »Badegästen empfiehlt Strandkörbe als Schutz gegen Sonne und Wind ...«

1925 nahm in Heringsdorf eine Strandkorbfabrik die Produktion auf, 1992 wurde das zu DDR-Zeiten als »volkseigen« geführte Unternehmen wieder privatisiert. Hier werden Strandkörbe noch in traditioneller Handarbeit gefertigt. Eine kleine Auswahl ist in der Verkaufsstelle in der Heringsdorfer Brunnenstr. 10 zu sehen.

Usedom-Statistik
445 km^2 misst Usedom, wovon 90,9 km^2 zu Polen gehören. Im Vergleich: Usedom könnte den gesamten Ost- und Nordfriesischen Inseln samt Helgoland Platz bieten. Das Stettiner Haff und der Peenestrom trennen Usedom vom Festland, die Swina von der Insel Wolin. Die Außenküste vom Peenemünder Haken bis zur Swina hat eine Länge von 46 km (bis zur Grenze 42 km). An der schmalsten Stelle der Insel zwischen Zempin und Koserow trennen nur 330 m Land die Ostsee vom Achterwasser.

Seit dem Ende des Zweiten Weltkriegs verwaltet sich Usedom nicht mehr selbst, heute gehört die Insel zum Landkreis Ostvorpommern mit der Kreisstadt Anklam.

Vineta
Die nordvorpommersche Stadt Barth ließ sich Ende 1998 den Namen Vineta beim Deutschen Patentamt als Markenzeichen schützen. Die Wogen schlugen daraufhin hoch, denn bislang hatten die Usedomer Orte Zinnowitz und Koserow von der Vineta-Legende profitiert. Die zerstörten zwei Historiker aus Berlin mit der These, die angeblich größte Ostseestadt habe möglicherweise im Barther Bodden gelegen. Über Vineta gibt es mehr Vermutungen als Beweise. Das Atlantis Pommerns soll eine sagenhaft reiche Stadt gewesen sein, doch waren ihre Bewohner so hochmütig, dass Gott die Stadt eigenhändig im Meer versenkte. So erzählt es die eine Legende. Eine andere besagt, der Reichtum von Vineta habe zu Hass und Neid geführt, sodass man Schweden und Dänen zu Hilfe gerufen habe. Beide seien auch gekommen, hätten gute Beute gemacht und die Stadt schließlich zerstört. Vor dem Streckelsberg, dort, wo das Vineta-Riff das Meer aufschäumen lässt, habe sich Vineta befunden. Das meinen zumindest die Usedomer.

Polnische Wissenschaftler wollen durch Grabungen ermittelt haben, dass das heute unscheinbare Städtchen Wolin mit der sagenhaften Handelsstadt identisch und von den Dänen 1184 zerstört worden sei. Wo es wirklich gelegen hat, werden wir wohl erst wissen, wenn Archäologen stolz das Ortseingangsschild präsentieren, wird scherzhaft gesagt.

Herzhaftes und Fisch, Fisch, Fisch

Traditionelles aus Vorpommern nach Großmutters Rezepten

Die Küche der Küste, auch die von Usedom, gilt als deftig und einfach: bodenständige Hausmannskost, die auf besondere Raffinessen verzichtet. In der Vergangenheit musste eine Mahlzeit lange vorhalten, auch konnten sich die Fischer und Landarbeiter keine gastronomischen Köstlichkeiten leisten. Auf den Tisch kam all das, was vor der Haustür wuchs oder schwamm: Kartoffeln, Kohl, Rüben und natürlich Fisch. Hering mit Kartoffeln war bis Anfang des 20. Jhs. ein alltägliches Gericht. In unserer Zeit ist der Hering wieder zu Ehren gekommen, nachdem er einige Jahre als Armeleuteessen in den Restaurants verpönt war. Jährlich im April wird zu Heringswochen geladen. Usedomer Köche zaubern wahre Leckereien aus dem besonders zarten Ostseehering. In der ersten Oktoberhälfte gibt es die Tüftentage. Tüfte heißt hier zu Lande die Kartoffel.

Durch den seit gut hundert Jahren praktizierten Fremdenverkehr wurden auch Gerichte aus anderen Landen in der Inselküche ausprobiert, denn die Usedomer wollten

En vogue: Ahlbeck, seine Bäderarchitektur und Straßencafés

sich zwar nicht welt-, aber zumindest landesoffen geben. Regionales hingegen wurde lange vernachlässigt und geriet in Vergessenheit. Touristen möchten aber lokale Speisen probieren. Deshalb stöberten in jüngster Zeit Inselköche in Großmutters Kochbüchern, was sie auch auf den Speisekarten vermerken: »Zubereitet nach alten Familienrezepten«. Mit dem Ergebnis sind selbst die strengen Tester der Gastronomieführer zufrieden, denn immer mehr von ihnen verleihen Restaurants der Insel die begehrten Sterne oder Kochlöffel.

Fangfrischer Fisch steht bei Köchen und Gästen gleichermaßen in der Gunst. Es gibt nicht nur Ostseefische wie Hering, Flunder und Dorsch, durch den Peenestrom, das Achterwasser und das Kleine Haff können auch Süßwasserfische wie Barsch, Zander, Karpfen und Hecht angeboten werden. Die Flunder, so meint der Volksmund, schmecke in den Monaten ohne »r« am besten, der Dorsch dagegen in den Monaten mit »r«. Im späten Frühjahr wird vielfach Hornfisch angeboten, der im Mittelmeer und Atlantik lebt. Er kommt nur zum Laichen in die Ostsee. Der bis zu 1 m lange Fisch ist noch weitgehend unbe-

Usedomer Spezialitäten

Lassen Sie sich diese Köstlichkeiten gut schmecken!

Aal in Dillsoße – Der Aal wird in einem aus Wasser, Wein, fein gehackter Zwiebel, Lorbeerblatt und Zitronenschale hergestellten Sud gegart. Der Sud wird mit Sahne und Eigelb zur Soße legiert, und vor dem Servieren wird noch fein gehackter Dill eingerührt. Dazu werden Salzkartoffeln und grüner Salat gereicht

Ahlbecker Fischsuppe – Eine aus Weißkohl, Kartoffelstückchen, Zwiebeln, Mehl und Milch bestehende Suppe mit in große Würfel geschnittenem Dorschfilet. Garniert mit reichlich gehacktem Dill, dazu kleine Schwarzbrotecken

Gebratene Ostsee-Flunder – In Zitronensaft sowie Salz und Pfeffer marinierte, beidseitig gebratene Flunder, über die in heißer Butter kurz angedünstete gehackte Petersilie kommt. Beilagen: Salz- oder Pellkartoffeln und grüner Salat

Gebratener Hornfisch – Kleine, in heißem Öl gebratene Fischstücke, die mit Senfsoße, Salzkartoffeln und frischem Salat serviert werden. Den grätenreichen Hornfisch gibt es nur im Frühsommer

Gefüllte Entenbrust – Mit einer Mischung aus Pflaumen, Äpfeln, Majoran und Zimt gefüllte und gebratene Ente. Beilagen: Apfelrotkohl und Kartoffelklöße

Hecht in Sahnesoße mit Meerrettich – Der in Stücke geschnittene Fisch wird in einem Gewürzsud gegart. Der fertige Fisch wird mit der aus Meerrettich, saurer Sahne und einigen Löffeln des Suds hergestellten Soße begossen und mit grünem Salat und Salzkartoffeln gereicht

Klopfschinken – Rohe Schinkenscheiben werden dünn geklopft und einige Stunden in mit Muskat gewürzter Milch eingelegt, danach in verquirltem Ei und Paniermehl gewendet und in Öl goldbraun gebacken. Als Beilage gibt es in Butter gebratene Waldpilze, grünen Salat oder gedünstetes Gemüse und Kartoffeln

Labskaus – Durch den Fleischwolf gedrehte gepökelte Rinderbrust, vermischt mit einem Püree aus Kartoffeln, Heringsfilets und eingelegten Roten Beeten. Obenauf kommt ein Spiegelei

Rote Grütze – Johannis-, Erd- und/oder Himbeeren, auch Kirschen werden gekocht und mit Stärkemehl zu Grütze gebunden. Abgeschmeckt wird mit einer Prise Zimt. Dazu: Vanillesoße

kannt, obwohl er schmackhaftes Fleisch hat. Die Gräten des Hornfisches, auch Maiaal genannt, färben sich beim Braten oder Kochen grün.

Manches Gericht auf Usedom sagt dem Gast jedoch nicht auf Anhieb zu, da es für fremde Zungen gewöhnungsbedürftig ist. Die regionale Geschmacksrichtung süßsauer ist nicht jedermanns Sache. Viele Hauptgerichte werden gezuckert oder mit Backpflaumen und Rosinen gewürzt. Der *Gasthof t'n Eikbom* in Dargen, ein wenig abgelegen, pflegt solche Speisen. Süßsauer schmeckt auch die *Soljanka*, eine ursprünglich ukrainische Spezialität, die auf keiner Speisekarte der DDR fehlte und sehr beliebt ist. Die köstliche Fleischsuppe mit Gurken, Zwiebeln und Tomaten wird mit einem Klacks saurer Sahne und einer Zitronenscheibe obenauf serviert.

Oft finden sich auf Usedoms Speisekarten auch Wildgerichte, denn die Wälder sind wildreich. Einzug gehalten hat auch die internationale Küche. Wer sie auf gehobenem Niveau probieren möchte, geht in Bansin an der Strandpromenade in das mexikanische Restaurant *La Posada* oder wenige Schritte weiter zum Italiener Carlo im Promenadenhotel *Admiral*.

Wenn Einheimische mitbekommen, dass ihre Küche nicht so recht mundet, werden sie bestimmt meinen: »Dei weit jo nich, wat schmeckt« (Der weiß ja nicht, was schmeckt!), wenn Sie dagegen voller Appetit »rin-spachteln« oder »verposementieren«, wie es hier zu Lande heißt, dann kann schon mal hinter Ihrem Rücken getuschelt werden: »He frett, dat dat Mul schümt« (Der frisst, dass das Maul schäumt) oder »He frett as' n Schüündröscher« (Der frisst wie ein Scheunendrescher).

An warmen Tagen verzichten die Gäste meist auf das Mittagessen, die Gaststätten sind dann fast leer. An Badewettertagen lässt man sich zwischendurch ein Fischbrötchen schmecken oder ein Stück Räucherfisch. Die Fischer am Strand, so in Ahlbeck, Bansin und Koserow, schreiben ihr tägliches Angebot mit Kreide auf eine Tafel. Nichts geht über eine Portion Aal frisch aus dem Rauch. Auf dem Markt in Świnoujście, gleich hinter der Grenze, finden Sie das umfangreichste und preiswerteste Räucheraal-Angebot.

In der kalten Jahreszeit, nach einem Spaziergang bei Eis und Schnee, wird man Ihnen zum Aufwärmen einen Grog empfehlen: Auf zwei Stück Zucker wird so viel Rum oder Weinbrand gegossen, bis das Glas zur Hälfte voll ist, dann wird mit siedend heißem Wasser aufgefüllt. Apropos Trinken: Was mögen die Einheimischen an alkoholischen Getränken außerdem? Wenn Sie einen von der älteren Generation fragen, dürfte er Ihnen verschmitzt antworten: »Wat bruken wi Alkohol, solang wi Bier un Bramwin hewwen« (Was brauchen wir Alkohol, solange wir Bier und Branntwein haben). Beliebte Biere sind das heimische Pils aus Lübz und das aus Rostock. Zum Bier passt hervorragend ein Köm, klarer Kümmelschnaps, ob Sie nun deftig gegessen haben oder nicht.

Am Nachmittag wird gern Kuchen gegessen. Wenn frischer Sanddornkuchen im Angebot ist, sollten Sie unbedingt zugreifen! Sanddorn wächst auf Usedom.

Kunsthandwerk und Räucheraal

Beliebte Mitbringsel sind Bernsteinschmuck, Keramiken und Buddelschiffe

Bernstein in Ringen, als Anhänger und Ketten: Das »Gold des Meeres« wird überall angeboten und als typisches Mitbringsel gern gekauft. Bei den Urlaubern beliebt sind auch Buddelschiffe, von denen die kleinsten nur streichholzschachtelgroß sind. Das Schiff in der Buddel, wie die Flasche plattdeutsch heißt, ist oft der maßstabsgerechte Nachbau eines bestimmten historischen Seglers. Die ersten Buddelschiffe tauchten bereits Ende des 18. Jhs. auf, mit dem Bau dieser Schiffe vertrieben sich die Seeleute ihre freie Zeit und bewiesen ihr handwerkliches Geschick.

In Mölschow und Zinnowitz verkaufen Maler ihre Bilder mit landschaftstypischen Motiven, in Bannemin und Morgenitz Keramiker ihre kunstvollen Arbeiten.

Nicht wenige gehen kurz vor der Heimreise zu den Fischern in Koserow, Bansin oder Ahlbeck, um für sich oder die Daheimgebliebenen einen frisch geräucherten Aal mitzunehmen.

In Heringsdorf gibt es die älteste deutsche Strandkorbfabrik, in der diese Strandmöbel noch in traditioneller Handarbeit, vorwiegend aus Rattan (Rohrbast), geflochten werden. Wer sich einen Strandkorb für zu Hause aussuchen möchte, hat die Qual der Wahl: Die beiden Grundtypen sind in vier Standardbreiten lieferbar, geflochten in einer von 14 Farb- und Materialvarianten, kombiniert mit einem der 40 unterschiedlichen Holzglasur- und Lackfarbtöne und ausgeschlagen mit einem von 39 Stoffdessins.

Kunstvolle Keramikarbeiten werden gerne auf dem Töpfermarkt in Morgenitz als Mitbringsel erstanden

Maritime Souvenirs sind in allen größeren Badeorten zu haben. Wer an Schlechtwettertagen einen ausgedehnten Einkaufsbummel unternehmen möchte, für den heißt das Ziel: Polenmarkt in Swinemünde! Das Angebot reicht von Räucheraalen über Gartenzwerge bis zu Textilien.

Die wertvollsten Souvenirs sind aber wohl doch jene, die bei Strandspaziergängen gefunden werden: besonders schöne Muscheln, Bernsteinstückchen oder Hühnergötter, wie die mit einem oder mehreren Löchern versehenen, inzwischen heiß begehrten Feuersteine von den Einheimischen genannt werden. Oder Donnerkeile. So heißen die versteinerten Skelettreste von urweltlichen Tintenfischen.

Feste, Events und mehr

Modegala, Theaterspektakel und Musikfestival

In der warmen Jahreszeit wird den Gästen viel geboten: Hafen-, Strand-, Brücken-, Neptun- und Sommerfeste. Die Namen mögen

Das Drachenfest von Ahlbeck

variieren, die Programme unterscheiden sich nicht wesentlich: meist musikalischer Frühschoppen, Kinderprogramm, Markttreiben. In jüngster Zeit haben sich jedoch Feste etabliert, deren Ruf weit über Usedom hinausreicht. Die Ankündigungen hängen in den einzelnen Orten aus und stehen in den Veranstaltungskalendern.

Feiertage

Im deutschen Teil der Insel: *Neujahr, Karfreitag, Ostermontag;* **1. Mai** *(Tag der Arbeit), Himmelfahrt, Pfingstmontag;* **3. Oktober** *(Tag der Deutschen Einheit),* **31. Oktober** *(Reformationstag), 1. und 2. Weihnachtsfeiertag.*
Im polnischen Teil der Insel: *Neujahr, Ostermontag, Fronleichnam,* **1. Mai** *(Tag der Arbeit);* **3. Mai** *(Tag der Verfassung);* **15. August** *(Mariä Himmelfahrt);* **1. November** *(Allerheiligen);* **11. November** *(Unabhängigkeitstag), 1. und 2. Weihnachtsfeiertag.*

Feste und Veranstaltungen

Frühjahr/Herbst

★ Heringsdorf goes Fashion: Toplabels der nationalen und internationalen Modebranche zeigen halbjährlich an zwei Tagen ihre aktuellen Kollektionen im Forum Usedom. Heringsdorf bietet die große Oper der Modepräsentation. Kaum anderswo in Deutschland ist Mode so hautnah zu erleben wie auf der Show »Heringsdorf goes Fashion«. *Zweckverband, Tel. 038378/244 16, www.heringsdorf-fashion.de*

Pfingsten

Insider Tipp **Heringsdorfer Kleinkunstfestival:** Künstler aus mehreren Ländern zeigen vor der Seebrücke und auf anderen Plätzen des Seebades ihr Können. Pantomimen, Jongleure, Zauberer und Clowns sind vertreten, es wird Straßentheater vielfältiger Art geboten. An der Strandpromenade findet ein Kunsthandwerkermarkt statt, den Abschluss bildet ein Feuerwerk. *Förderverein Kleinkunstfestival Insel Usedom, Tel. 038378/ 330 89*

Juni bis September

Vineta-Festspiele: Dreimal in der Woche rollt ein multimediales Theaterspektakel aus Schauspiel, Musik, Tanz, Feuerwerk und Lasershow über die Freilichtbühne in Zinnowitz. Auf der Bühne taucht die sagenhafte Stadt Vineta wieder auf, die eine furchtbare Sturmflut vor 1000 Jahren ins Meer gerissen haben soll. Die Usedomer halten hartnäckig an der Version fest, Vineta habe vor ihrer Küste gelegen. *Zentraler Kartenservice: Tel. 038377/409 36, www.vineta-festspiele.de*

August

Insider Tipp *Mittelalterspektakel:* Kerzenzieher und Kunstschmiede, Gaukler, Musikanten und Geschichtenerzähler laden am letzten Wochenende im Monat nach Koserow ein. Mit ihren historischen Kostümen und Darbietungen versetzen sie in das Mittelalter. *Kurverwaltung, Tel. 038375/204 15, www.seebad-koserow.de*

September

Usedom-Marathon: Von Swinemünde geht es parallel zum Ostseestrand bis nach Wolgast. Wer dort ankommt, hat 42,195 km zurückgelegt. Als Alternative gibt es den 21,1 km langen Halbmarathon mit Start und Ziel im Wolgaster Peenestadion. Der Usedom-Marathon, das größte sportliche Fest der Insel, findet traditionell am ersten Sonnabend statt. *Usedom Tourismus GmbH, Tel. 01805/ 873366, www.usedom.de*

★ *Usedomer Musikfestival*: Kammermusik- und Liederabende gehören ebenso zu dem renommierten Festival in der zweiten Monatshälfte wie Jazz und Musicalsongs. Traditionell treten die Preisträger von der New Yorker Stiftung »Young Concert Artists« auf. *Festivalbüro, Tel. 038378/346 47, www.usedomer-musikfestival.de*

Spektakulär: die Vineta-Festspiele

Wuchtige Bauten aus Backstein

Gotische Kirchen und barocke Schlösser, Landschaftsparks und eine Kaffeemühle

Flach und weiträumig ist das Land im Nordwesten von Vorpommern – von der Eiszeit planiert, von der Peene durchfurcht. Überragt von den Kirchtürmen der beiden Städte, St. Marien und St. Nikolai in Anklam und St. Petri in Wolgast. Jahrhundertelang wiesen sie den Seeleuten den Weg. Heute sind die Kirchen steinerne Zeugen einstigen Reichtums und verflossener Macht und erzählen vom großen Kunstsinn der Bürger im Mittelalter.

Durch Anklam und Wolgast, den Toren zur Insel Usedom, schieben sich in den Sommermonaten die Autos, drängen sich an Schlechtwettertagen die von der Insel kommenden Touristen auf ihrem Tagesbesuch. Aber schon wenige hundert Meter vor und nach den Stadtgrenzen herrscht wieder Stille zwischen Wiesen, Feldern, Wald und kleinen Dörfern. Die Anklamer Umgebung, eingefasst von Peene, Tollense und Landgraben, wird oft »Grafenwinkel« genannt, weil die Besitzungen sich meist in »gräflichen Händen« befanden. Schlösser und Herrenhäuser stehen hier

Überragt Wolgast mit ihren gewaltigen Dächern: St. Petri

»Nesthocker«: Familie Storch

besonders viele, aber auch um Wolgast, ehemalige Residenz der pommerschen Herzöge, gibt es etliche davon anzuschauen.

ANKLAM

[U A6] Gern schmückt sich Anklam (18 500 Ew.) mit dem Beinamen Lilienthalstadt, wurde doch der berühmte Flugpionier am Peeneufer geboren. 1283 trat Anklam der Hanse bei und umgab sich weiträumig mit der Landwehr, einem System von Wällen, Gräben und Warttürmen (15. Jh.). Einer dieser Warttürme steht noch an der B 109 in Richtung Pasewalk. Anklam, dessen Altstadt der Zweite Weltkrieg zu 70 Prozent vernichtete, war und ist Mittelpunkt einer landwirtschaftlich geprägten Region.

Otto-Lilienthal-Museum in Anklam

SEHENSWERTES

Kirchen
Die dreischiffige, backsteinerne *Marienkirche* (13. Jh.) zieren gotische Wandmalereien. *Marienkirchplatz.* Zu den zahlreichen im Zweiten Weltkrieg vernichteten Bauwerken gehört die gotische *Nikolaikirche* (14. Jh.), von deren einstiger Pracht selbst die Ruine noch erzählen kann. Nachdem die gesichert wurde, wird das Gotteshaus seit Sommer 2000 kulturell genutzt. *Nikolaikirchplatz*

MUSEEN

Otto-Lilienthal-Museum
★ Biografisch-technisches Museum, das den in Anklam geborenen Flugpionier Otto Lilienthal vorstellt. *Mai bis Sept. Di–Fr 10–17 Uhr, Sa, So 14–17 Uhr, Okt.–April Di–Fr 10–16 Uhr, So 14–17 Uhr, Ellbogenstr. 1*

Museum im Steintor
Stadtgeschichte auf fünf Etagen des 32 m hohen spätgotischen Steintors (Mitte 15. Jh.), des Wahrzeichens der Stadt. Wer 111 Stufen nach oben gestiegen ist, wird mit einer schönen Aussicht belohnt. *Mai bis Sept. Di–Fr 10–17 Uhr, Sa, So 14 bis 17 Uhr, Okt.–April Di–Fr 10–16 Uhr, So 14–17 Uhr, Schulstr. 1*

ESSEN & TRINKEN

Dabers
Gute Küche, freundliches Ambiente. *Mägdestr. 1, Tel. 03971/24 31 73, €*

Vis a vis
Café und Restaurant, klein und fein. *Kleiner Wall 11, Tel. 03971/ 21 15 57, €*

ÜBERNACHTEN

Hotel Am Stadtwall
Hotel garni mit modernen, großen Zimmern im historischen Gebäude des Warmbades. *18 Zi., Demminer Str. 5, Tel. 03971/83 31 36, Fax 83 31 37, €€*

AUSKUNFT

Anklam-Information
Markt 3 (im Rathaus), 17389 Anklam, Tel. 03971/21 05 41, Fax 83 51 55, Anklam@t-online.de, www.anklam.de

ZIELE IN DER UMGEBUNG

Bömitz **[U A5]**
Kutschfahrten und Ausritte auf dem Rücken von Pferden bietet das klei-

ne Landhotel Bömitz, das in einem etwa 200 Jahre alten, barocken Gutshaus entstand. Im Restaurant *Hermann Christoph von Hertell* kommt eine gut zubereitete französisch orientierte Küche auf den Tisch *(Mo, Di geschl., sonst nur Abendessen, 20 Zi., Dorfstr. 14, 17390 Bömitz, Tel. 039724/ 225 40, Fax 225 41, Restaurant €€€, Hotel €€). 12 km*

Lassan **[106 B5–6]**
In der alten *Wassermühle* der beschaulichen Kleinstadt Lassan (1600 Ew.) ist viel über das frühere Handwerk, die Fischerei und die Landwirtschaft zu erfahren *(Mai bis Sept. Mo–Fr 10–12, 13–16.30 Uhr, Sa ab 14 Uhr, So 10–12 Uhr, Mühlenstr. 2a).* In Hafennähe entstand ein jederzeit zugängliches Freilicht-Fischereimuseum. *15 km*

Stolpe **[O]**
Insider Tipp
Das Dorf hat mit dem 300 Jahre alten *Fährkrug* eines der traditionsreichsten Gasthäuser des Landes, das weitgehend im ursprünglichen Zustand erhalten blieb *(Dorfstr. 25, Tel. 039721/522 25, €).* Nur einen Steinwurf entfernt, durch das Schutzdach nicht zu übersehen, stehen die Reste des Klosters Stolpe, von dem die Christianisierung Vorpommerns ausging. Eine denkmalgeschützte Gutsanlage im englischen Landhausstil verwandelte sich in das noble ★ *Hotel & Restaurant Gutshaus Stolpe.* Von den 33 Zimmern ist jedes anders ausgestattet, zum größten Teil mit Antiquitäten *(Dorfstr. 37, 17391 Stolpe, Tel. 039721/55 00, Fax 550 99, €€€). 10 km*

WOLGAST

[102 B–C4] Usedom ist über zwei Brücken mit Wolgast (15 000 Ew.) verbunden; die Stadt bildet das nördliche Tor zur Insel. Wer einen Blick in die Stadtgeschichte werfen möchte, aber keine Zeit für das Heimatmuseum findet: Am Brunnen (1936) vor dem Rathaus sind auf zehn Bildern bedeutende Ereignisse dargestellt. Wolgast hatte seine Glanzzeit im 18. und 19. Jh., als

MARCO POLO Highlights »Inseltore«

★ **Otto-Lilienthal-Museum**
Über Leben und Werk des berühmten Flugpioniers (Seite 28)

★ **Petrikirche Wolgast**
Fabelhafter Blick vom 56 m hohen Turm über Wolgast bis zur Insel Usedom (Seite 30)

★ **Stadtmuseum Wolgast**
Fischerteppiche und der nachgebildete Peenemünder Goldschatz (Seite 31)

★ **Gutshaus Stolpe**
Zimmer und Küche des noblen Hotels befriedigen auch verwöhnte Ansprüche (Seite 29)

Die Hebebrücke »Blaues Wunder« in Wolgast

die Schiffe der Stadt über die Weltmeere segelten. Die barocken Kaufmannshäuser mit großen Lagerböden in der Burgstraße künden von diesen Zeiten. Beim Bummel durch die Stadt, deren schachbrettartiger Grundriss seit dem Mittelalter nahezu unverändert blieb, werden Sie viele interessante Bauten entdecken, darunter den Homeyer-Speicher von 1836 am Hafen. Mit einer Kapazität von 5000 t ist das 80 m lange und 18 m breite Gebäude der größte erhaltene Speicher in Mecklenburg-Vorpommern und der letzte große Fachwerkbau Norddeutschlands. Der Umbau des Speichers zu einem Einkaufs- und Gastronomiezentrum steht bevor.

SEHENSWERTES

Petrikirche

★ Gewaltiger, 600 Jahre alter spätgotischer Backsteinbau auf erhöht gelegenem Kirchplatz. In der Gruft der Pommernherzöge sind sieben Prunksarkophage zu besichtigen. Vom 56 m hohen Turm (184 Stufen bis ganz nach oben) haben Sie einen herrlichen Rundblick.

Tierpark Tannenkamp

Etwa 400 Tiere tummeln sich auf dem Gelände. Attraktion: das Affengehege. *Mai–Sept. tgl. 9–18, Okt. bis April tgl. 9–16 Uhr, Tannenkampweg*

MUSEEN

Museumshafen

Das 1890 erbaute und 1995 ausgemusterte Eisenbahnfährschiff bekam im Museumshafen am Peeneufer seinen Ruheplatz. An seiner Seite liegt der kleine Schlepper Steppke, der bis 1999 auf der Wolgaster Werft seinen Dienst versah. *Juni–Aug. Di–Fr 10–18 Uhr, Sa, So 10–14 Uhr, Sept.–Mai Di–Fr 10–17 Uhr, Sa 10–14 Uhr*

Rungehaus

Das Geburtshaus des romantischen Malers Philipp Otto Runge bietet die Simulation der Rungeschen Farbkugeln und eine Infobörse mit Computern; kleine Besucher haben

Gelegenheit, sich in Scherenschnitten zu probieren. *Geöffnet wie das Stadtmuseum, Kronwiekstr. 45*

Stadtmuseum

★ Kaffeemühle nennen die Wolgaster ihr Stadtmuseum wegen seiner eigenwilligen Form. Informationen über Heimatgeschichte und Freester Fischerteppiche gibt es hier. Und in einer Nachbildung ist der 1905 gefundene Peenemünder Goldschatz zu sehen. *Di–Fr 10 bis 17 Uhr, Sa 10–14 Uhr, Juni–Aug. auch So 10–14 Uhr, Rathausplatz 6*

ESSEN & TRINKEN

Alter Speicher

Maritimes Restaurant mit stets frischem Fisch und eigener Räucherei. *Hafenstr. 4, Tel. 03836/20 59 94,* **€€**

Gasthaus

Gemütliches kleines Restaurant mit Blick auf den Peenestrom. *Fischmarkt/Ecke Klein-Brückenstraße, Tel. 03836/60 38 42,* **€€**

ÜBERNACHTEN

Hotel Kirschstein

Gemütliches Hotel garni mit 12 zweckmäßig eingerichteten Zimmern. *Schützenstr. 25, Tel. 03836/272 20, Fax 27 22 50,* **€**

AUSKUNFT

Wolgast-Information

Rathausplatz 10, 17438 Wolgast, Tel. 03836/25 12 25, Fax 60 01 18, Wolgast@t-online.de, www.wolgast.de

ZIEL IN DER UMGEBUNG

Katzow **[U A4]**

In der weiten, hügeligen Wiesenlandschaft zwischen Katzow und Pritzier entstand Pommerns jederzeit zugänglicher *Skulpturenpark.* 1991 wurde das erste Kunstwerk aufgestellt, mittlerweile sind es über 60 Arbeiten aus Metall, Holz und Kunststoff. Geschaffen wurden sie bei Sommerworkshops von Künstlern aus Taiwan, den USA, Deutschland, Polen und anderen Ländern. In der *Kulturscheune (tgl. 10–18 Uhr, Tel. 038373/204 44)* sind wechselnde Kunstausstellungen zu sehen. Insider Tipp

Himmlische Ruhe umgibt das *Landhotel Adebar* mit Restaurant, Sauna, Solarium, Whirlpool. *27 Zi. und 18 Ferienwohnungen, Dorfstr. 24, 17509 Katzow, Tel. 038373/25 00, Fax 250 93,* **€€**, *6 km*

Die Marco Polo Bitte

WWF

Marco Polo war der erste Weltreisende. Er reiste in friedlicher Absicht, verband Ost und West. Er wollte die Welt entdecken, fremde Kulturen kennen lernen, nicht zerstören. Könnte er heute für uns Reisende nicht Vorbild sein? Aufgeschlossen und friedlich sollte unsere Haltung auf Reisen sein. Dazu gehören auch Respekt vor Mensch und Tier und die Bewahrung der Umwelt.

Sandstrand vom Feinsten

Über 150 Jahre Badekultur an der pommerschen Riviera

Für alle Badeorte Usedoms trifft gleichermaßen zu: ein makelloser, steinfreier Sandstrand. 38 km zieht er sich als weißes Band hin von Karlshagen im Nordwesten bis Ahlbeck im Südosten. Ein Paradies für Sonnenanbeter! Dahinter Dünen oder Steilküste, Seen und üppiger Wald. Die Natur hat Usedoms Badeorte reichlich gesegnet. In Zempin, Koserow und Ückeritz, deren alte Ortskerne sich dem Achterwasser zuwenden, erweckt die Fischerdorfatmosphäre häufig romantische Gefühle. Ruhe und Beschaulichkeit strahlen auch Karlshagen und Trassenheide im herben Nordwestteil aus. Ganz anders ist der Urlaubsalltag in Zinnowitz, Bansin, Heringsdorf, Ahlbeck: Promenadenbummel und Kurkonzert, Caféhausbesuch und Tennismatch – das Motto vieler ist Sehen und Gesehenwerden. Herrschaftliche Villen, Pensionen und Hotels mit architektonischem Prunk säumen die Strandpromenade, die fast 10 km lang von Bansin über Heringsdorf nach Ahlbeck führt und die drei Orte zu einem einzigen Bade- und Erholungszentrum verbindet. Kaiserbäder nennen sie sich, und das ist nicht einmal hochgestapelt. Denn der Kaiser war hier wiederholt zu Gast. Auf der Ahlbecker Seebrücke, heute das Wahrzeichen der Insel, hat er sich sogar fotografieren lassen. In Ahlbeck steht Usedoms berühmtestes Bauwerk – im Wasser: das hölzerne Seebrückengebäude auf Stelzen.

Seltener Anblick: freie Plätze auf der Seebrücke in Ahlbeck

Im Strandkorb den Alltag vergessen

AHLBECK

Karte in der hinteren Umschlagklappe

[114 C2] Usedoms größter Badeort (3500 Ew.) hat teilweise städtischen Charakter. Von der Seebrücke bietet sich Ihnen ein fabelhafter Blick über den weißen, breiten Sandstrand zu den Hotels und Pensionen an der Promenade, hinter

Bäumen versteckt. Der Weg führt westwärts nach Heringsdorf, ostwärts geht er in den Dünenwald über. Wenn der Wind günstig steht, vermischt sich das Meeresrauschen mit den Klängen der Kurkapelle. Fast alle Hotels und Pensionen im Stil der Bäderarchitektur stammen aus Ahlbecks großer Zeit vor dem Zweiten Weltkrieg, als die Berliner scharenweise mit dem Zug angereist kamen. Ein mondäner Badeort wollte Ahlbeck nie sein, im Seebadeprospekt von 1911 präsentierte er sich als »deutsches Volksbad«, in dem sich alle »von fürstlichen Persönlichkeiten bis zur armen Näherin gleichermaßen erholen können«. Diesen Ruf wiederzuerlangen, bemüht sich Ahlbeck seit der Einheit Deutschlands, und das mit Erfolg.

SEHENSWERTES

Bäderarchitektur

In der Dünen-, Stresemann- und Goethestraße sind viele dieser hübsch restaurierten Villen, Pensionen und mehrstöckigen Häuser zu finden, besonders schön anzuschauen: *Bismarckstr. 1–2, Dünenstr. 47, Goethestr. 1, 11 und Seestr. 15.* Für Usedom typisch sind die von Säulen getragenen vorgesetzten Loggien.

Kirche

Mit reichen Architekturdetails und stattlichem Westturm versehener neugotischer Bau (1894/95). Die einheitliche neugotische Ausstattung stammt aus der Erbauungszeit des Gotteshauses, die Granittaufe aus dem 14. Jh. Die Glasfenster zeigen florale Elemente und die Evangelistensymbole. *Kurparkstr. 2*

Seebrückenpavillon

Das einzige historische Bauwerk dieser Art (1898), das an der Ostseeküste Mecklenburg-Vorpommerns erhalten blieb. Das hölzerne Gaststättengebäude mit vier kurzen Türmchen bekam sein heutiges Aussehen Anfang der 30er-Jahre des 20. Jhs. Der 280 m lange Landungssteg stammt aus dem Jahr 1993, den Vorgänger hatten Eismassen im strengen Winter 1941/42 zerstört. Die gusseiserne Jugendstiluhr (1911) am Zugang von der Promenade ist das Geschenk eines Kurgastes.

MUSEUM

Heimatstube

Orts- und Heimatgeschichte wird im Eingangsbereich im schick hergerichteten Warmbad von 1896 gezeigt. *Mo, Mi–Do 9–12, Di 9–12, 14–17 Uhr, Kurparkstr. 4 (in der Amtsverwaltung)*

ESSEN & TRINKEN

Le Brasserie

Sie wählen sich den fangfrischen Fisch selbst aus, der vor Ihren Augen auf dem Lavastein gegrillt wird. *Dünenstr. 47 (im Ahlbecker Hof), Tel. 038378/620,* **€€**

Holstenkeller

Große Suppenauswahl, ferner das alte Seefahrergericht Labskaus und das hausgebraute, süffige »Ahlbecker Kellerbräu«. *Seestr. 14 (im Hotel Seestern), Tel. 038378/670,* **€€**

La Mer

Wer gut essen möchte, fährt mit dem gläsernen Außenaufzug ins Panoramarestaurant des Strandhotels. Ein besonderes Erlebnis: das Tita- Insider Tipp nic-Essen, das letzte Menü der First-Class-Passagiere des Superdampfers, dazu der Film von James Cameron auf Großbildleinwänden und Monitoren an allen Tischen. *Dünenstr. 19–21 (im Strandhotel), Tel. 038378/520,* €€€

Ostende
Restaurant mit elegant-maritimer Ausstattung, leichte, frische Küche. *Dünenstr. 24 (im gleichnamigen Hotel), Tel. 038378/510,* €€€

Seebrückenpavillon
Essen und trinken über den Ostseewellen – das ist in dem Seebrückenpavillon das Wichtigste. *Tel. 038378/283 20,* €€

ÜBERNACHTEN

Romantik Seehotel Ahlbecker Hof
Das Spitzenhotel der Insel! Das 5-Sterne-Haus bietet in Toplage nahe der Seebrücke 67 Zimmer und Suiten mit luxuriösem Ambiente sowie einen phantastischen *Wellnessbereich* mit Hallenbad, Blütengrotte, Dampfbad und vielem mehr. *Dünenstr. 47, Tel. 038378/620, Fax 621 00,* €€€

Insider Tipp

Hotel garni Eden
Dieses Haus ist besonders bei Familien mit Kindern beliebt. *31 Zi., Goethestr. 2, Tel. 038378/23 80, Fax 304 70,* €€

Ostseehotel Ahlbeck
Direkt an der Strandpromenade mit Wintergartenrestaurant und Schwimmbad. Im benachbarten *Strandschloss* 1- und 2-Zimmer-Apartments. *82 Zi. und Apartments, Dünenstr. 41, Tel. 038378/600, Fax 601 00,* €€–€€€

Strandhotel
In der Jugendstilvilla Gastronomie und Apartments, im Neubau be-

MARCO POLO Highlights »Badeorte«

★ **Erlebnisbad Ostseetherme**
Badespaß nicht nur an Schlechtwettertagen für Jung und Alt (Seite 36)

★ **Seebrücke Heringsdorf**
Geschäfte, Restaurants, Kino, Ferienwohnungen und Muschelmuseum (Seite 40)

★ **Atlantic Pub in Bansin**
Insider Tipp
Tolle Stimmung am späten Abend (Seite 38)

★ **Bäderarchitektur**
Prachtvolle Bauten aus der Kaiserzeit in Heringsdorf (Seite 39)

★ **Atelier Otto Niemeyer-Holstein in Koserow**
Das skurrile Zuhause eines Malers am Achterwasser (Seite 47)

★ **Halbinsel Gnitz**
Insider Tipp
Entdeckungsreise in eine zauberhafte Landschaft (Seite 55)

finden sich die Zimmer. Mit Schwimmbad. *119 Zi. und Apartments, Dünenstr. 19–21, Tel. 038378/520, Fax 301 01,* €€€

Villa Auguste Viktoria
Die stilvoll renovierte Villa wurde 1900 für Kaiserin Auguste Viktoria erbaut, die jedoch nicht darin gewohnt hat. *16 Zi., Bismarckstr. 1–2, Tel. 038378/24 10, Fax 241 44,* €€–€€€

FREIZEIT & SPORT

Tennis (Flutlicht) auf 7 Plätzen an der Straße nach Korswandt und *Minigolf* an der Strandpromenade. An der Grenze zu Heringsdorf bietet das tgl. geöffnete ★ *Erlebnisbad Ostseetherme* Badespaß. Unter einer Glaskuppel befinden sich sechs verschiedene Schwimmbecken, Grottenrutsche, römisches Dampfbad, Wasserfälle sowie Luftsprudelbecken, Solarien und vieles mehr. Aus 408 m Tiefe kommt die Jodsole, mit der in der Kurabteilung Erkrankungen der Haut und der Atemwege behandelt werden können. Der Aussichtsturm der Therme, zu dessen Plattform ein Fahrstuhl führt, bietet einen weiten Blick.

AUSKUNFT

Kurverwaltung
Dünenstr. 45, 17419 Ahlbeck, Tel. 038378/244 97, Fax 244 18, info.kaiserbaeder@t-online.de, www.kaiserbaeder.de

ZIEL IN DER UMGEBUNG

Korswandt **[114 B3]**
Bewaldete Höhenzüge betten den Wolgastsee ein, um den ein markierter Wanderweg führt. An seinem Westufer, in dem stillen Dorf Korswandt (600 Ew.), werden Ruder- und Tretboote vermietet. Eine bewährte, gute Adresse mit vielen Stammgästen: das *Hotel-Restaurant Idyll am Wolgastsee.* Insider Tipp *19 Zi., Hauptstr.*

Die Ostseetherme – spritziges Vergnügen inmitten tropischer Pflanzen

9, 17419 Korswandt, Tel. 038378/ 221 16, Fax 225 46, €€. *4 km*

BANSIN

Karte in der hinteren Umschlagklappe

[109 F4] Hübsche Pensionen, kleine Hotels und adrette Villen prägen das Gesicht von Bansin (2400 Ew.). Fast alle entstanden sie unweit oder direkt an der Strandpromenade mit der Seebrücke von 1994, auf der Sie 285 m weit aufs Meer hinausspazieren können. Bansin war nie ein Fischer- oder Bauerndorf, sondern von Anfang an ein Ferienort. Schon 1911 hatte das Seebad Anschluss an die Inselbahn, und seine Bergstraße wurde der schönen Häuser wegen zur Prachtstraße.

Als gemütliches Familienbad bezeichnet sich Bansin gern, und das ist es in der Tat. Der Mischwald, der an heißen Sommertagen angenehme Kühle spendet, zieht sich wie auch der Schloonsee in den Ort hinein. Der Ostseestrand ist bis zu 60 m breit.

SEHENSWERTES

Tropenhaus

Exotische Pflanzen und Tiere, darunter Schlangen und Affen, sowie ein Streichelzoo und ein Restaurant. Mai–Sept. *tgl. 10–18 Uhr, Okt. bis April bis 16 Uhr, Goethestr./Ecke Kirchstr.*

MUSEEN

Gedenkatelier Rolf Werner

Vierzig Jahre lang hat Rolf Werner in Bansin gelebt und gemalt. Wohnhaus und Atelier des Künstlers wurden Gedenkstätte. *Führungen tgl. 11 Uhr, Di, Do, Sa, So auch 14.30 und 18 Uhr, Seestr. 60, Tel. 038378/292 28*

Hans-Werner-Richter-Haus

Im historischen Feuerwehrgebäude ist ein Teil des Nachlasses des bei Bansin geborenen Schriftstellers (1908–93) zu sehen, der mit anderen Autoren 1947 die berühmt gewordene »Gruppe 47« gründete. *Di–Fr 16–20 Uhr, Sa, So 14–18 Uhr, Waldstr./Bergstr.*

ESSEN & TRINKEN

Klabautermann

Was die Fischer aus Bodden und Ostsee holen, wird in dem Fischrestaurant solide zubereitet. *Strandpromenade 27 (im Hotel Bansiner Hof), Tel. 038378/552 54,* €€

La Posada

In dem mexikanischen Restaurant zu speisen ist ein kulinarisches Vergnügen. *Strandpromenade 33/ Ecke Fischerweg, Tel. 038378/ 608 60,* €€€

Ristorante Carlo am Fischerstrand

Insider Tipp

Der beste Italiener weit und breit. Carlos Küche ist kreativ, der Service tadellos. *Strandpromenade 36/37 (im Promenadenhotel Admiral), Tel. 038378/66 15 66,* €€€

EINKAUFEN

Insider Tipp

Frisch vom Kutter oder warm aus dem Rauch wird der Fisch am westlichen Ende der Strandpromenade angeboten. Die Hütten der Fischer gehören seit jeher zum traditionellen Bild von Bansin.

Im Familienbad Bansin kann man abwechslungsreiche Ferien verbringen

ÜBERNACHTEN

Forsthaus Langenberg
Ruhiges Haus mitten im Buchenwald am Steilufer. *36 Zi., Tel. 038378/291 01, Fax 291 02, €€*

Hotel zur Post
Ein Haus zum Wohlfühlen! Zeitgemäßen Komfort und angenehme Atmosphäre bietet das Ehepaar Gühler seinen Gästen. *60 Zi., Seestr. 5, Tel. 038378/560, Fax 562 20, €€*

Ostseeresidenz Seeschloss
57 schicke, bis zu 80 m² große Ferienwohnungen für bis zu 6 Personen, die selbst verwöhnte Ansprüche befriedigen. In dem Neubau gibt es auch Schwimmbad und Tiefgarage. *Strandpromenade 33, Tel. 038378/607, Fax 608 00, €€€*

Promenadenhotel Admiral
Thilo Naumann wollte eins der begehrtesten Häuser in Bansin besitzen – das hat er jetzt erreicht. Faszinierend der Blick vom neuen Schwimmbad auf die Ostsee. *68 Zi., Strandpromenade 36/37, Tel. 038378/660, Fax 663 66, €€*

Romantik Strandhotel Atlantic
Kleines Hotel mit gediegener Eleganz und Schwimmbad. *26 Zi., Strandpromenade 18, Tel. 038378/605, Fax 606 00, €€€*

FREIZEIT & SPORT

Verleih von Ruderbooten, Tretbooten, Motorbooten am Strand, drei Tennisplätze im Buchenpark.

AM ABEND

Atlantic Pub
Insider Tipp
★ Klönen wie im Schiffsbauch; tolles maritimes Ambiente mit Steuerhaus und Sonnendeck; originale Tür einer Knastzelle. *Tgl. ab 18 Uhr, Strandpromenade 18 (Eingang Bergstr.), Tel. 038378/606 50*

AUSKUNFT

Kurverwaltung
Haus des Gastes (an der Seebrücke), 17429 Bansin, Tel. 038378/ 470 50, Fax 47 05 15, info.kaiserbaeder@t-online.de, www.kaiserbaeder.de

ZIELE IN DER UMGEBUNG

Gothensee [114 A–B 1–3]
Mit 6 km^2 der größte See auf der Insel. Am Ufer brüten Wildgänse, Schwäne und Graureiher, auch Kraniche und hin und wieder Seeadler sind zu beobachten. Der vom Aussterben bedrohte Fischotter ist in dem Naturschutzgebiet ebenfalls zu Hause. *2 km*

Großer Krebssee [114 A1]
Auf dem Großen Krebssee wird gerudert und gesegelt, die *Bootsvermietung* befindet sich am Ostufer in Neu Sallenthin. Seit Jahrzehnten Insider Tipp ein beliebtes Wanderziel: das *Forsthaus Fangel* nahe dem Großen Krebssee. Das einfache, von Wald umgebene Gasthaus bietet Kaffee und hausgemachten Kuchen an. *Geöffnet von Karfreitag bis Mitte Okt., Tel. 038378/322 53. 3 km*

HERINGSDORF

Karte in der hinteren Umschlagklappe
[114 B–C1] »Nizza des Ostens« wurde Heringsdorf einst genannt, denn bis zum Zweiten Weltkrieg war es das Modebad der deutschen Aristokratie und Finanzwelt. Kaiserzeitflair verbreiten in unseren Tagen noch viele Hotels und Pensionen, die in der wilhelminischen Zeit entstanden sind. Fast alle wurden in den letzten Jahren restauriert und modernisiert und bieten den heutzutage gewünschten Hotelkomfort.

Typisch für Heringsdorf sind prunkvolle Villen in weiträumigen Parkanlagen. Jede von ihnen hat ihre Geschichte, so auch die *Villa Staudt (Delbrückstr. 7)*. In ihr weilte mehrfach Kaiser Wilhelm II. zum Tee bei der verwitweten Konsulsgattin Elisabeth Staudt; später eignete sich die SED das prachtvolle Haus an und nannte es »Wilhelm-Pieck-Heim«. Nach dem Zweiten Weltkrieg umgaben die Sowjets große Teile von Heringsdorf mit einem hohen Zaun und nutzten die Pensionen und Hotels als Sanatorien. Zurück ließen sie das im Stil der Stalinzeit errichtete denkmalgeschützte Kulturhaus, das in das *Forum Usedom* integriert wurde. Hier wird im Kursaal zu kulturellen und gesellschaftlichen Veranstaltungen geladen. Im Spielkasino rollen die Glückskugeln auf den Roulettetischen. Auch als Kurbad besitzt Heringsdorf (3600 Ew.) einen guten Ruf, eine vierprozentige, jodhaltige Sole bringt Bronchial- und Asthmakranken Linderung. Der Strand ist bis zu 60 m breit.

SEHENSWERTES

Bäderarchitektur
★ Zu Kaisers Zeiten, zwischen 1890 und 1914, entstanden viele der Hotels, Pensionen und Villen. Besonders schön anzuschauen: die 1883 im griechisch-römischen Stil gestaltete Villa des jüdischen Bankiers Oechsler mit einem Mosaikbild des Venezianers Antonio Salvati im Dreieckgiebel der Nordseite

Absolutes Muss: ein Bummel über die Seebrücke von Heringsdorf

(Delbrückstr. 5), in die nach der Restaurierung 1999 eine Boutique zog, das nach dem Vorbild palladianischer Villen erbaute Haus Oppenheim *(Delbrückstr. 10)*, in dem in den Sommermonaten 1909 bis 1912 der berühmte Maler Lyonel Feininger wohnte, sowie die 1890 für den Bankier Bleichröder errichtete Villa *(Delbrückstr. 14)*. Weitere sehenswerte Häuser stehen in der *Maxim-Gorki-, Kulm-, Bülow- und Friedensstraße.*

Kunstpavillon

Verkaufsausstellungen bildender und angewandter Kunst. Der architektonisch interessante, gläserne Rundbau wurde 1973 auf der *Westpromenade (in Richtung Bansin)* eröffnet. *Mai–Sept. Di–So 10–18 Uhr*

Seebrücke

★ Mit 508 m die längste bewirtschaftete Seebrücke Kontinentaleuropas. Ins Landgebäude zogen Muschelmuseum, Kino, Café, Restaurant, Fitnesscenter sowie zahlreiche Geschäfte, im Brückenkopf mit dem pyramidenähnlichen Dach fanden zwei Restaurants Platz. Die Brückenanlage, zu der auch Ferienwohnungen gehören, gilt mit der von Sellin auf Rügen als die prachtvollste der gesamten Ostseeküste; das war sie auch bis 1958, als durch Brandstiftung das Bauwerk zerstört wurde.

Volkssternwarte »Manfred von Ardenne«

Ein Geschenk des 1998 verstorbenen Dresdner Wissenschaftlers und Usedomliebhabers, der die Sauerstoff-Mehrschritt-Therapie entwickelte und in den 60er- und 70er-Jahren zu Heringsdorfs treuen Sommergästen zählte. *Beobachtungen bei klarem Himmel an unterschiedlichen Tagen und Uhrzeiten. Strandpromenade (in den Dünen neben dem Sportplatz)*

Insider Tipp **Wachsfigurenkabinett**
Goethe, Napoleon und Stalin sind ebenso zu sehen wie Elvis Presley, Steffi Graf und Michael Schumacher. *Seebrücke (im Untergeschoss des Eingangsgebäudes), tgl. 10–22 Uhr*

MUSEEN

Muschelmuseum
Rund 3000 Muscheln, Schnecken und Korallen in ansprechender Präsentation. *Mai–Sept. tgl. 9 bis 20 Uhr, Okt.–April tgl. 10–16 Uhr, Seebrücken-Landgebäude*

Museum am Schmiedehaus
»Vom Werden und Wachsen des Seebades Heringsdorf« heißt die Ausstellung, die die Historische Gesellschaft zu Heringsdorf zusammengestellt hat. Gezeigt werden Fundstücke aus der Steinzeit, historische Dokumente bis zur DDR-Zeit sowie Lithografien. *Di–So 17–20 Uhr, Delbrückstr. 30*

Museum Villa Irmgard
Museum für Literatur- und Regionalgeschichte. 1922 wohnte hier der russische Dichter Maxim Gorki, um sein Lungenleiden zu kurieren, und arbeitete im bis heute unverändert gebliebenen »arabischen Zimmer«. In diesem bewahrte der weit gereiste Villenbesitzer seine Reiseandenken aus dem Orient und aus Afrika auf. *Mai–Sept. Di–So 10–18, Okt.–April Di–So 10–12, 13–16 Uhr, Maxim-Gorki-Str. 13*

ESSEN & TRINKEN

Insider Tipp **Des Kaisers Pavillon**
In dem Restaurant mit seiner verspielten Innenausstattung sollte man gesessen haben! 1911 wurde der Holzbau als »Salchows Weinstuben« eröffnet, 1936 zum Kino umgebaut. 1991 entsann man sich der Vergangenheit und baute es wieder wie einst auf. *Brunnenstr./Ecke Friedensstr., Tel. 038378/227 45, €€*

Eis-Villa Stein
Insider Tipp Hier gibt es das beste Eis von Usedom. *Geöffnet Ostern bis Ende Okt., Kulmstr. 4*

Forsthaus Wildpark
Große Terrasse mit schönem Waldblick; schmackhafte Wildgerichte. *Im Wildpark (mit dem Pkw von Ahlbeck aus über den Gothenweg zu erreichen), Mo Ruhetag, Tel. 038378/281 49, €€*

Kulm-Eck
Frische, gesunde und vor allem regionale Gerichte. *Kulmstr. 17, Tel. 038378/225 60, €*

Seebrückenrestaurants
Insider Tipp Fundierte Kochkunst mit originellen Einfällen präsentiert Marcus Lübke im *Käpt'n N.* Wer es schlichter möchte, setzt sich ins *Nauticus. Seebrücke, Tel. 038378/288 17, €€€ und €€*

EINKAUFEN

22 Geschäfte laden in einer glasüberdachten *Passage auf der Seebrücke* zum Einkaufsbummel. Im Landgebäude auf der rechten Seite verkauft das Muschelmuseum eine große Auswahl maritimer Souvenirs. Deutsche und mediterrane Wein- und Feinkostkultur bringt Berlins Traditionshaus *Lutter & Wegener* an den Usedomer Ostsee-

strand, mehr als 400 Weine und Brände sowie ausgesuchte Feinkost aus Frankreich und anderen Ländern sind in der *Kulmstr. 3* im Angebot. Groß ist das Angebot im Geschäft *Brunnenstr. 10* der seit 1925 bestehenden *Heringsdorfer Strandkorbfabrik*, auch extravagante Modelle sind vorhanden: mit schwenkbarem Bistrotisch beispielsweise oder mit eingebautem Radio *(www. korb-gmbh.de).*

ÜBERNACHTEN

Jugendherberge

Direkt an der Strandpromenade gelegen. Nach der kompletten Sanierung ist sie eine der besten Adressen für junge Leute an der Ostseeküste. *167 Betten, Puschkinstr. 7–9, Tel. 038378/223 25, Fax 323 01,* €

Maritim Hotel Kaiserhof

Herausragende Lage an der Strandpromenade nahe der Seebrücke; Schwimmbad, Sauna, Solarium. *134 Zi., Kulmstr. 33, Tel. 038378/650, Fax 658 00,* €€€

Pommerscher Hof

Gediegenes Haus mit Wintergartenrestaurant in idealer Zentrumslage. Ein Hallenbad und eine Schaubrauerei befinden sich in Bau. *95 Zi., Seestr. 41, Tel. 038378/610, Fax 611 00,* €€

Travel Charme Hotel Strandidyll Heringsdorf

Ein architektonisches Kleinod mit Schwimmbad in einer großen Park- und Gartenanlage. Für anspruchsvolle Gäste ist die elegante Turmsuite mit eigener Sauna, Whirlpool und offenem Kamin bestimmt. *151*

Villa mit Geschichte

Von der Privatresidenz zum noblen Hotel

1890 ließ sich der Bankier Gerson von Bleichröder, Bismarcks Vertrauter und Finanzberater, in Heringsdorf auf dem Dünenhang sein Sommerhaus bauen: eine prachtvolle Villa im neu klassizistischen Stil. In dem 10 000 m^2 großen Park mit Rosengarten wurde die Bronzeskulptur der Jagdgöttin Diana aufgestellt. 1999/2000 kamen zwei zeitgemäße Häuser mit Ferienwohnungen hinzu. Nach 1933 enteigneten die Nationalsozialisten die jüdischen Eigentümer, und Hermann Göring erkor die Villa zu seinem Gästehaus. Nach dem Zweiten Weltkrieg wandelten sie die Sowjets in ein Sanatorium für höhere Offiziere um, und Ende der 50er-Jahre übernahm sie der DDR-Einheitsgewerkschaftsbund FDGB. Besonders gern logierte dessen Vorsitzender Harry Tisch in dem Haus und prostete im großen Salon seinen ausländischen Gästen zu. Nach der Einheit wurde die Villa zwischen der Delbrückstraße und der Strandpromenade unter dem Namen *Diana* ein allen offen stehendes Hotel, heute empfängt sie unter dem Namen *Residenz Bleichröder* Gäste.

Zi., Delbrückstr. 9–11, Tel. 038378/ 47 60, Fax 47 65 55, €€

Upstalsboom Hotel Ostseestrand
Ein Haus an der Strandpromenade, in dem keine Wünsche offen bleiben. Neu seit 2002: die Wellnessoase *Balance* auf zwei Etagen. *99 Zi., Eichenweg 4–5, Tel. 038378/630, Fax 634 44,* €€€

FREIZEIT & SPORT

Tennisplätze sind vorhanden *(Rennbahnweg)*, Minigolf wird an der Kurpromenade gespielt. Bootsverleih sowie im Einkaufscenter *Kaiserhof Atlantic* sechs vollautomatische Bowlingbahnen. Im Winter zählt *Eislaufen* zu den sportlichen Angeboten, die Freifläche hat eine Größe von 30 x 60 m, Schlittschuhe stehen zum Ausleihen bereit.

AM ABEND

Insider Tipp: Im Chapeau Rouge, dem roten, 250 Zuschauer fassenden *Theaterzelt* der Vorpommerschen Landesbühne Anklam, finden jährlich von Mitte Mai bis Ende August über 200 Veranstaltungen statt. Bunt ist das Programm: Theater, Artistik, Jazz und Puppenspiel; das Zelt steht an der *östlichen Kurpromenade*. Im *Forum Usedom* der historische Kursaal, in dem kulturelle und gesellschaftliche Veranstaltungen geboten werden, sowie das Spielkasino mit 80 Glücksspielautomaten sowie American Roulette und Blackjack. *Kino* in zwei Sälen auf der Seebrücke. In der *Tanzbar La Playa* (im Einkaufscenter Kaiserhof Atlantic) geht es ab 21 Uhr zur Sache, am Fr und Sa bis 6 Uhr morgens. In der Jazz-Bar *J* ist nicht nur Jazz zu hören, es werden auch Piña Colada, Mai Tai und andere leckere Cocktails serviert *(im Hotel Esplanade, Seestr. 5)*.

AUSKUNFT

Kurverwaltung
Kulmstr. 33, 17424 Heringsdorf, Tel. 038378/24 51, Fax 24 54, info.kaiserbaeder@t-online.de, www.kaiserbaeder.de

ZIEL IN DER UMGEBUNG

Heringsdorfer Wald **[114 B–C2]**
Wem es am Strand zu heiß oder zu windig ist, kann durch den Heringsdorfer Wald streifen. Der Mischwald voller Rotbuchen, Douglasien und Fichten zieht sich bis zum Gothensee hin, im Frühjahr ist er mit vielen Maiglöckchen geschmückt. Naturfreunde können mit etwas Glück den seltenen Schwarzspecht beobachten. Durch den Wald führt ein mit grünen Dreiecken markierter, 4,4 km langer *Wanderweg*, der am *Heringsdorfer Gymnasium in der Bülowstraße* beginnt. *1 km*

KARLSHAGEN

[101 D–E6] Laub- und Nadelwälder im Osten und Westen, die bis an die Dünen reichen, und im Süden moorige Wiesen: Das weiträumige Karlshagen (3400 Ew.) gehört zu den ruhigen Orten der Insel. Im modernisierten Hafen am Peenestrom herrscht Beschaulichkeit, Yachten und Fischerboote dümpeln an der Kaimauer. Von hier aus starten täglich Fahrgastschiffe zur benachbarten Oie und nach Ruden. Der

Strand ist bis zu 50 m breit, fällt flach ins Meer und ist für einen Familienurlaub ideal.

An die Opfer des Haftlagers in Peenemünde erinnert die künstlerisch gestaltete Gedenkstätte (1970), ein etwa 3 m hohes Moasik, an der Hauptstraße Richtung Trassenheide. Bei Bombenangriffen der Alliierten am 17. und 18. August 1943 kamen mehr als 600 ausländische Arbeiter und 120 Deutsche ums Leben. Ihre letzte Ruhestätte fanden sie auf dem Friedhof nahe der Gedenkstätte.

SEHENSWERTES

Naturschutzzentrum Insel Usedom

Ausstellung u. a. zum Naturpark Usedom; Insider Tipp Diskussionen und Vorträge über Naturthemen. *Mai–Sept. Di bis Fr 10–18 Uhr, Sa, So 10–17 Uhr, Okt.–April Di–So 10–16 Uhr, In den Dünen (am Nordende), Tel. 038371/217 50*

ESSEN & TRINKEN

Peenemünder Eck

Kleiner gemütlicher Gasthof mit schmackhafter Küche, direkt an der Straße nach Peenemünde. *Strandstr. 1 a, Tel. 038371/218 15, €€*

Veer Master

Maritime Atmosphäre im und vor dem neuen Restaurant. *Am Hafen, Tel. 038371/210 12, €€*

ÜBERNACHTEN

Nordkap

Eins der jüngsten Hotels der Insel mit 38 Zimmern, 9 Ferienwohnungen, Kegelbahn, Sauna und Wintergartenrestaurant. *Strandstr. 8, Tel. 038371/550, Fax 551 00, €€*

AUSKUNFT

Kurverwaltung

Hauptstr. 15, 17449 Karlshagen, Tel. 038371/207 58, Fax 285 37,

Surfer hängen ihre Segel im Dünenwald von Karlshagen zum Trocknen auf

Erholungsort_Karlshagen@t-online.de, www.erholungsort-Karlshagen.de

KÖLPINSEE

[105 E–F5] Bis zu 50 m breiter Sandstrand und Wald, Ostsee und Achterwasser, Kölpinsee (1000 Ew.) – das Seebad des Ortes Loddin – gilt als lauschiges Seebad für Ruhesuchende und Naturliebhaber. Zum kleinen Idyll wurde der Kurpark mit der Konzertmuschel auf einer Anhöhe in Strandnähe. Ihr zu Füßen liegt auch der See, der dem Badeort den Namen gab. Einst war er eine Bucht der Ostsee. Das Dorf Loddin erstreckt sich am Achterwasser, der nur wenige Häuser zählende Ortsteil Stubbenfelde liegt eine halbe Stunde zu Fuß in Richtung Ückeritz.

MUSEUM

Heimatstube
Die Geschichte des Badeortes und einiges Wissenswerte über alte Handwerke und das frühere Leben an der Ostsee. *Mi, So 15–17 Uhr, im Bahnhof*

ESSEN & TRINKEN

Erlebnisrestaurant Bricklebrit
Regionale Küche; Kuchen, Brot und Räucherfisch kommen aus eigener Produktion. *Am Achterwasser 10 (im Ortsteil Loddin), Tel. 038375/202 80,* €€

Waterblick
Fischrestaurant im Ortsteil Loddin mit eigener Räucherei sowie wunderschönem Blick auf das Achterwasser. Am Abend ist eine Platzreservierung unbedingt zu empfehlen. *Am Mühlenberg, Tel. 038375/202 94,* €€

Insider Tipp

EINKAUFEN

Bernsteinbasar
Bernsteinschmuck in großer Auswahl. Gern gesehen ist auch, wer sich nur über Bernstein informieren möchte. *Waldsiedlung 4 (im Ortsteil Loddin), tgl. 16–19 Uhr*

ÜBERNACHTEN

Haus Nixe
Insider Tipp
Zwei junge Leute haben ein altes Haus mit vielen Ideen sehr individuell eingerichtet. Die im Kellerrestaurant zubereiteten Steaks werden weithin gelobt. *8 Zi., Waldstr. 2, Tel. 038375/201 77, Fax 201 79,* €

Haus Usedom
Aparthotel mit einem großzügigen Restaurant, Sauna, Solarium, Kegelbahn. *36 Zi., Strandstr. 16, Tel. 038375/23 90, Fax 239 99,* €€

Hotel Aquarius
In dem Neubau in ruhiger Lage stehen 15 2- und 3-Zimmer-Apartments bereit (46–54 m² für bis zu 6 Personen). *Am Achterwasser 4 (im Ortsteil Loddin), Tel. 038375/204 14, Fax 221 15,* €

Hotel Zur Ostsee
Familiär geführtes Hotel mit modern eingerichteten Zimmern im Haus I. Wer preiswert wohnen möchte, bucht ein Zimmer im Haus II mit Etagendusche/WC. *24 Zi., Strandstr. 14, Tel. 038375/202 96, Fax 201 33,* €–€€

Insider Tipp

Camping Stubbenfelde
Naturbelassenes Gelände im Laubwald. *April–Okt. geöffnet, Tel. 038375/206 06, Fax 206 40*

FREIZEIT & SPORT

Ruder-, Tret-, Motor- und Segelboote werden am Achterwasser in Loddin vermietet.

AUSKUNFT

Kurverwaltung
Strandstr. 23 (an der B 111), Mai bis Sept. auch Strandstr. 2 a (fast am Strand), 17459 Kölpinsee, Tel./Fax 038375/206 12, KV_koelpinsee@t-online.de, www.usedom.de/loddin/

KOSEROW

[105 D–E4] Die Ostsee und das Achterwasser sind beide zum Greifen nah. Koserow (1600 Ew.) mit seinen ein- und zweistöckigen Häusern liegt zusammen mit Zempin auf der schmalsten Stelle der Insel, angelehnt an den Streckelsberg. Hier stehen 200 Jahre alte Buchenwälder, deren Boden im Frühling ein blauer Teppich aus Leberblümchen bedeckt. 1993 wurde die 261 m lange Seebrücke eingeweiht, seitdem kann die Küste auch von See aus bewundert werden. Der Strand ist 50 m breit und hat einen ausgedehnten Steilküstenabschnitt, erst nach etwa 30 m ist eine Wassertiefe von 1 m erreicht.

SEHENSWERTES

Kirche
Prachtvolle Kastanien umgeben die älteste Kirche an Usedoms Ostseeküste. Bereits um 1300 entstand das Gotteshaus aus Feldsteinen; das Langschiff und der Turm sind Zugaben des 15. Jhs. Der kunstvolle Schnitzaltar (15. Jh.) ist der einzige auf Usedom, der aus dem Mittelalter vollständig erhalten blieb. Das Kruzifix, das Fischer aus dem Meer holten, stammt aus Skandinavien und

Wie eine steinerne Arche: die Kirche von Koserow

wird als Kreuz aus der versunkenen Stadt Vineta angesehen. *Pfingsten bis Sept. tgl. 16–18 Uhr, Fischerstraße*

Salzhütten

Um 1820 entstanden die ersten reetgedeckten Lagerhütten am westlichen Strand von Koserow. Um 1900 gab es 15 solcher Hütten, heute sind sechs rekonstruierte zu sehen, die nun für andere Zwecke genutzt werden.

MUSEEN

Fischers Arbeitshütt

Für eine Hand voll Besucher: Minimuseum in einer der historischen Salzhütten. *Mai–Sept. Sa–Do 10–15 Uhr*

Atelier Otto Niemeyer-Holstein

★ Wo sich Ostsee und Achterwasser fast berühren, ließ sich der Maler Otto Niemeyer-Holstein nieder und baute ab 1933 sein skurriles Zuhause um einen ausrangierten S-Bahn-Wagen herum. Nach dem Tod des Altmeisters der norddeutschen Landschaftsmalerei 1984 blieb »Lüttenort«, so taufte es der Künstler, seinem Wunsch entsprechend unverändert erhalten. *Garten und Galerie Mitte April–Mitte Okt. tgl. 10–18 Uhr, Führungen durch den Wohn- und Arbeitsbereich 11, 14, 15 Uhr, Mitte Okt.–Mitte April Garten und Galerie Mi, Do, Sa, So 10–16 Uhr, Führungen durch den Wohn- und Arbeitsbereich 11 und 14 Uhr, Tel. 038375/202 13*

ESSEN & TRINKEN

Koserower Salzhütte

Eine sichere Adresse für frischen und geräucherten Fisch in einer rekonstruierten Salzhütte. Bei schönem Wetter stellt man Tische auch nach draußen an die frische Luft, denn drinnen wird es schnell eng. *Nov.–April nur Fr–So geöffnet, am Strand bei der Seebrücke, Tel. 038375/206 80, €€*

Zum Streckelberg

Unterhalb des Streckelsberges, mit Terrasse am Buchenwald. *Meinholdstr. 25, Tel. 038375/202 72, €*

EINKAUFEN

Eine der Salzhütten wandelte sich zu einem Souvenirgeschäft. In der Nachbarschaft verkauft *Udos Fischräucherei,* was die Fischer des Ortes anlanden.

ÜBERNACHTEN

Hotel Nautic

Zentrale Lage in Ortsmitte. Internetfreaks sind hier richtig: Die Zimmer haben ISDN-Anschluss, einige Zimmer werden auf Wunsch mit PC und Internetzugang ausgestattet. Der Hotelpool hat Gegenstromanlage, Sprudelbank und Wasserfall. *27 Zi., Triftweg 4, Tel. 038375/2550, Fax 25555, www.hotel-nautic.de, €€*

Landhaus Herkules

Reizende Pension in ruhiger Lage; Sauna, Solarium. *10 Zi., Karlstr. 9, Tel./Fax 038375/201 43, €€*

Hotel-Restaurant Hanse Kogge

Familiengeführtes Hotel mit Sauna, Solarium, Whirlpool. Beliebt ist das Angebot für Senioren, die auf Wunsch von zu Hause abgeholt werden. *49 Zi., Hauptstr. 22, Tel. 038375/26 00, Fax 260 77, €€*

Insider Tipp

Küste und Strand von Koserow mit dem 60 m hohen Streckelsberg

Treff Ferienpark Usedom
Sechs skandinavische Ferienhäuser mit 67 Wohnungen (50 bis 100 m^2 für 2 bis 6 Pers.), teilweise mit eigener Sauna. Das Hallenbad garantiert wetterunabhängigen Urlaubsspaß. *Siemensstraße, Tel. 038375/550, Fax 551 00, €€*

CAMPING

Camping am Sandfeld
Naturbelassenes Gras- und Sandgelände mit Kiefern. Beliebter Platz, rechtzeitige Reservierung empfohlen. *Geöffnet April–Sept., Tel. 038375/207 59, Fax 214 05*

FREIZEIT & SPORT

Boote aller Art werden am *Achterwasser (Mai–Sept.)* vermietet.

AUSKUNFT

Kurverwaltung
Hauptstr. 34, 17459 Koserow, Tel. 038375/204 15, Fax 204 17, KV-Koserow@t-online.de, www.seebad-koserow.de

ZIEL IN DER UMGEBUNG

Streckelsberg **[105 E4]**
Unter Naturschutz stehender Aussichtspunkt an der Küste östlich vor Koserow. Im Frühling bedeckt ein blauer Teppich aus Leberblümchen den Boden des 170 Jahre alten Buchenwaldes. Im Sommer haben Sie vielleicht Glück und entdecken sogar einige Orchideenarten, eine reizvolle Aufgabe für Botanikfreunde. Etwa 4 km vor dem Streckelsberg soll im Meer die sagenhafte Stadt Vineta untergegangen sein, erkennbar an der schäumenden Brandung des Vineta-Riffs. Wilhelm Meinhold ließ hier seine »Bernsteinhexe« viele der gelben Schmucksteine finden. Demnächst soll der Berg einen Aussichtsturm bekommen, von dem sich ein Panoramablick bis zu den Inseln Ruden und Greifswalder Oie bieten wird. *1 km*

TRASSENHEIDE

[103 E2] Heide, Kiefern, Dünen und viele Einfamilienhäuser garantieren Ruhe und Entspannung. Trassenheide (900 Ew.) liegt etwa 1,5 km landeinwärts, vom Meer durch einen breiten Streifen Misch- und Nadelwald getrennt. In Richtung Karlshagen zieht sich das große Trassenmoor hin, eine herbe, reizvolle Moorlandschaft mit seltenen Pflanzen. Der Trassenheider Strand ist bis zu 50 m breit und flach abfallend, ideal für Familien.

ESSEN & TRINKEN

Gasthaus Zum Bahnhof
Einfache, schmackhafte Gerichte ohne Schnörkel zu günstigen Preisen. *Im Bahnhof Trassenheide, Tel. 038371/204 12, €*

ÜBERNACHTEN

Friesenhof
Das neue, rohrgedeckte Hotel mit Reithalle und Reitplatz hat sich vor allem bei Pferdefreunden rasch einen Namen gemacht. *23 Zi., Bahnhofstr. 48, Tel. 038371/26 10, Fax 261 11, €€*

Pension Kaliebe
Modernisierte Pension, 3 Min. bis zum Strand. *6 finnische Blockhäuser (bis zu 6 Personen), 35 Zi., Zeltplatzstr. 5, Tel. 08 00 52 54 23, Fax 038371/522 99, €*

Pension Neufert
Neubau mit 21 Zimmern, 3 Ferienwohnungen und großem Garten. *Bahnhofstr. 21, Tel. 038371/23 70, Fax 237 49, €€*

Waldhof-Hotel
Für all jene, die lieber Wald als Meer rauschen hören. Die fünf Bettenhäuser und das rohrgedeckte Hotelrestaurant liegen in einem Waldgelände abseits vom Bäderbetrieb, bis zum Strand sind es etwa 15 Minuten. Originell und bequem: Im Sommer bringen Pferdewagen die Gäste zum Strand. Insider Tipp *80 Zi., 25 Ferienwohnungen, Forststr. 9, Tel. 038371/500, Fax 205 61, €€*

FREIZEIT & SPORT

Das 4500 m² große *Sport- und Freizeitcenter, Wiesenweg 5,* bietet u. a. drei Tennis- und vier Badmintonplätze sowie sechs Bowlingbahnen.

AUSKUNFT

Kurverwaltung
Strandstr. (im Haus des Gastes), 17449 Trassenheide, Tel. 038371/209 28, Fax 209 13, Seebad_Trassenheide@t-online.de, www.seebad-trassenheide.de

ZIELE IN DER UMGEBUNG

Bannemin **[103 E3–4]**
In dem Dorf an der B 111 arbeiten der *Kunsthandwerker Hartmut Schuhmacher* mit Holz und die *Keramikerin Anette Schröder* mit Ton. In einer kleinen Galerie verkaufen die beiden Künstler ihre schönen Arbeiten *(Zinnowitzer Str. 10)*. Etwa 100 m weiter können Sie in der Gaststätte *Banneminer Krug* einkehren *(Okt.–April Mo geschl., Zinnowitzer Str. 9, Tel. 038377/426 34, €€)*. Der *Reiterhof Bannemin* bietet Reitunterricht für Anfänger und Fortgeschrittene an sowie Kutsch- und Kremserfahrten. *2 km*

Krummin **[103 E4–5]**
In das Dorf (220 Ew.) führt eine prachtvolle, von etwa 300 Linden gesäumte *Allee.* Sie ist 1,7 km lang und steht seit 1990 unter Naturschutz. Die sorgfältig restaurierte *Kirche* ist das einzige klösterliche Gebäude auf Usedom, das erhalten blieb. Schmackhaft zubereitetes Wild wird im *Jagdstübchen (Tel. 03836/206574, €€)* serviert. Wer Appetit auf Fisch hat, fährt ins Nachbardorf Neeberg zur *Gaststätte Fischstübchen, Tel. 03836/ 60 33 22, €€. 6 km*

Mölschow **[103 D3]**
In dem kleinen Dorf entstand im ehemaligen Gutshaus der *Kultur-Hof* mit Werkstätten (Korbflechten, Keramik, Seidenmalerei, Schnitzen), in denen zum Mitmachen eingeladen wird. Der *Landwirtschaftliche Erlebnisbereich* zeigt Werkzeuge und Hausrat vom Bauernhof, landwirtschaftliche Maschinen sowie einen Bauerngarten. *Beide geöffnet Mai–Sept. tgl. 10–17 Uhr, Okt.–April Di–Sa 10–16 Uhr.* Wer zur Erinnerung an die Insel ein Ölbild oder Miniaturen mit Usedommotiven mitnehmen möchte, geht ins *Atelier* von Hans Seifert, *Trassenheide Str. 7. 3 km*

Ziemitz **[102 B–C6]**
Fischesser fahren zur Halbinsel Wolgaster Ort ins Dörfchen Ziemitz. Insider Tipp In der Gaststätte *Zur Reuse* wird serviert, was die heimischen Fischer anlanden. Besonders lecker und empfehlenswert: der Ziemitzer Bratfischteller (verschiedene Fischsorten in der Pfanne gebraten mit Salzkartoffeln und pommerscher süßsaurer Soße). Gratis gibt es einen Blick auf den *Peenestrom (Wolgaster Str. 20, Tel. 03836/60 28 55, €€).* Himmlische Ruhe umgibt die Gäste in der Ferienwohnanlage *Haus Janus. 11 Ferienwohnungen, Wolgaster Str. 19, 17440 Ziemitz, Tel. 03836/ 27 29 33, Fax 27 29 34, Reservierungen über Tel./Fax 04105/ 122 59, €€. 11 km*

ÜCKERITZ

[108 C2] Hektische Betriebsamkeit und extravagantes Leben gibt es in Ückeritz (1000 Ew.) nicht. Der Badeort mit kleinen, gepflegten Häusern besteht aus dem historischen Fischerdorf am Achterwasser, das sein dörfliches Gepräge behalten hat, und dem in den 30er-Jahren vorwiegend von Malern errichteten Villenteil (Waldstraße). Zum Strand führt eine 1,5 km lange Straße durch schattigen Buchen- und Kiefernwald, am Anfang befindet sich ein gebührenfreier Parkplatz, kurz vor dem Strand einer, auf dem der Parkscheinautomat bedient werden muss. Der Strand ist etwa 35 m breit. Nichtschwimmer können hier unbesorgt bis zu 30 m weit ins Wasser laufen. Das beschaulichste Fleckchen ist die Mole am Sportboothafen mit Blick aufs Achterwasser. Südlich davon, bei Neu Pudagla, der Hafen Stagnieß, in dem Schiffsrundfahrten auf dem Achterwasser beginnen.

SEHENSWERTES

Usedomer Gesteinsgarten
Mehr als 80 Steinbrocken, Findlinge genannt, sind hier aufgereiht. Die Gletscher der letzten Eiszeit haben sie vor mehr als 12 000 Jahren aus Skandinavien mitgebracht. *Süd-*

lich von Ückeritz, am Forstamt Neu Pudagla bei der B 111, jederzeit zugänglich

ESSEN & TRINKEN

Insider Tipp **Deutsches Haus**
Hier kommt gute regionale Küche auf den Tisch. *Nebenstr. 1 (100 m von der B 111), Tel. 038375/209 40, €€*

ÜBERNACHTEN

Hotel Nussbaumhof
Familienfreundliches Haus, toll die Maisonette-Zimmer Nr. 12 und 15. Vom Kaminzimmer schöner Blick auf das Achterwasser. *15 Zi., Feldstr. 2, Tel. 038375/23 80, Fax 238 88, €€*

CAMPING

Naturcamping Ückeritz
4,5 km langer naturbelassener Geländestreifen hinter den Dünen in Richtung Bansin, auf einem Strandteil FKK; große Wiese für Caravans und Wohnmobile. *Geöffnet April bis Okt. Tel. 038375/209 23, Fax 252 18*

FREIZEIT & SPORT

Die Segel- und Surfschule im Sportboothafen am Achterwasser vermietet Segel- und Ruderboote und führt Segel- und Surfkurse durch.

AUSKUNFT

Kurverwaltung
Bäderstr. 5 (Haus des Gastes), 17459 Ückeritz, Tel. 038375/25 20, Fax 252 18, KV.Ueckeritz@t-online.de, www.usedom.de/ueckeritz/

ZIEL IN DER UMGEBUNG

Wockninsee [108 C2]
Flacher Strandsee, 1 km östlich von Ückeritz, der unter Naturschutz steht. In den letzten Jahrzehnten ist der Wockninsee stark verlandet, nur zwei kleine, von Moor umgebene Wasserflächen blieben übrig. In dem Gebiet brüten Kranich und Graugans, die Europäische Sumpfschildkröte fand hier Unterschlupf. Ein in Ückeritz beginnender Naturlehrpfad führt durch das Naturschutzgebiet.

ZEMPIN

[104 C3–4] Zempin ist das kleinste Seebad auf Usedom und hat den kürzesten Weg von der Ostsee bis zum Achterwasser. Gerade eben noch am Strand, können Sie kurz darauf den Sonnenuntergang am Achterwasser beobachten. In dem ruhigen Ort (850 Ew.) hat sich etliches vom einstigen Fischerdorf erhalten, so die Reste alter Salz- und Heringspackhütten. Sie versteckten sich am westlichen Ende des Hauptzugangs zum Strand in den Dünen. Der Strand ist etwa 30 m breit. Der alte Dorfkern mit reetgedeckten Häusern liegt dem Achterwasser zugewandt. Dorthin führt der 4 km lange Ortswanderweg, der am Fremdenverkehrsamt beginnt und mit waagerechten, grünen Balken markiert ist. Wer sich nur den an der Ostsee gelegenen Teil Zempins anschauen möchte, wandert auf dem 2 km langen, mit gelben Balken markierten Weg, der an der Bushaltestelle beginnt.

Wer Abendunterhaltung oder nächtliches Amüsement sucht, hat

sich mit dem dörflichen Zempin in der Wahl seines Urlaubszieles vergriffen. Nur in der Saison finden ab und zu kulturelle Veranstaltungen statt, vor allem in der neuen Konzertmuschel; wer mehr Programm mag, der fährt nach Zinnowitz.

ESSEN & TRINKEN

Konditorei-Café Eichhorst
Kuchen und auch Eis kommen aus eigener Herstellung. *Hauptstr./Ecke Fischerstr., Tel. 038377/415 13*

Tau'n Fischer un sin Fru
Von der Straße aus ahnt keiner, was für ein beachtliches Restaurant sich im Innenhof verbirgt. Insider Tipp Fische aus eigenem Fang und der eigenen Räucherei. *Okt. bis Ostern Mi und Do geschl., Waldstr. 11, Tel. 038377/400 54, €€*

ÜBERNACHTEN

Inselhof
Modernisierter Ferienpark am Achterwasser mit Restaurant, Insider Tipp ideal für Familien. *58 Wohnungen. Dorfstr. 6 a, Tel. 038377/427 49, Fax 413 32, €€*

Hotel Wikinger
Niveauvolles Haus, 100 m bis zur Ostsee; Sauna, Solarium, Fitnessraum. *68 Zi., Ferienwohnungen, Apartments, Seestr. 6, Tel. 038377/750, Fax 751 15, €–€€*

CAMPING

Campingplatz am Dünengelände
Naturbelassenes Dünengelände im Wald nordwestlich des Ortes. *Geöffnet April–Okt., Tel. 038377/413 63, Fax 413 64*

AUSKUNFT

Fremdenverkehrsamt
Fischerstr. 1, 17459 Zempin, Tel. 038377/421 62, Fax 424 15, Seebad-Zempin@t-online.de, www.seebad-zempin.de

ZINNOWITZ

[104 B2–3] Das größte Seebad (3600 Ew.) im nordwestlichen Teil der Insel ist von Laub- und Kiefernwald umgeben. Die Strandpromenade mit viel Grün, weißem Musikpavillon und Rosenrondell gehört zu den besonders schönen auf Usedom. An heißen Sommertagen spendet der im Zentrum liegende Stadtpark mit alten Bäumen wohltuenden Schatten. Das Strandleben lässt sich gut von der 315 m langen Seebrücke (1993) beobachten.

Der mit Wald überzogene Glienberg schützt Zinnowitz vor den rauen Nord- und Ostwinden. Der bis zu 40 m breite Sandstrand verläuft flach ins Meer und ist ideal für Kinderferien. Der alte Ortsteil mit dem ältesten Haus (Mitte 18. Jh., Neuendorfer Weg 21) befindet sich jenseits der B 111.

SEHENSWERTES

Bäderarchitektur
Pensionen und Hotels im Stil der Bäderarchitektur bestimmen weitgehend das Bild von Zinnowitz. Besonders schöne Häuser stehen an der *Strandpromenade*, in der *Dünen-* und in der *Neuen Dünenstraße*. Aus der Zeit der Badgründung stammt das backsteinerne, ehemalige Warmbad an der Ecke *Neue Seestraße/Dünenstraße* (heute Haus des Gastes).

MUSEUM

Bademuseum
Im Bademuseum gibt es Amüsantes und Nachdenkliches aus der Zinnowitzer Badegeschichte. Zu sehen ist auch ein nachgebauter Einsitzer-Strandkorb von 1885. *Neue Strandstr./Ecke Strandpromenade, Juni–Sept. Di–So 15–18 Uhr, Okt. bis Mai Fr–So 15–18 Uhr*

ESSEN & TRINKEN

Bucheneck
Kleine Selbstbedienungsgaststätte für eilige und preisbewusste Gäste. *Seestr. 1 (gegenüber den Tennisplätzen), Tel. 038377/422 09, €*

Café Wien
Insider Tipp
Eis, Kaffee, Kuchen und ein Traumblick auf die Ostsee erwarten die Gäste im Café Wien. *Dünenstr. 20 (in Asgards Meereswarte)*

Düne 24
In dekorativer Strandatmosphäre wird feine regionale Küche serviert. *Dünenstr. 24, Tel. 038377/760, €€€*

Caféhaus Marimar
Konditorei und Bistro mit Kuchen und Pralinen aus eigener Herstellung. Das Angebot umfasst aber auch Herzhaftes wie Salate, Baguettes, Aufläufe und Suppen. *Waldstr. 1, Tel. 038377/409 33, €*

Museumscafé
Atmosphäre der Kaiserzeit. *Neue Strandstr. (im Hotel Preussenhof), Tel. 038377/409 33, €€*

EINKAUFEN

Hauptgeschäftsstraße ist die *Neue Strandstraße* in der Ortsmitte. Malerei und Grafik mit Usedomer Landschaftsmotiven stehen in der *Atelier-Galerie* bei *Brigitte und Reinhard Meyer* bereit *(Wilhelm-Potenberg-Str. 1)*.

ÜBERNACHTEN

Hotel Asgard mit Apartmenthaus Meereswarte
Schickes, familiengeführtes Haus an der Strandpromenade. *34 Zi. und 50 Apartments, Dünenstr. 20, Tel. 038377/46 70, Fax 46 71 24, €€*

Wie die Insel Usedom zu ihrem Namen kam

Ein Blick in Usedoms reiche Sagenwelt

Vor vielen Jahrhunderten, so erzählt man sich, trafen sich alle Einwohner, um einen Namen für ihre Insel zu finden. Als keine Vorschläge kamen, sprach einer: »Damit wir nicht endlos hier sitzen, sollte das nächste Wort, das einer spricht, der Inselname sein.« Das Schweigen setzte sich fort, denn jeder hütete sich vor einem unbedachten Wort. Genervt sprang einer auf und rief: »O so dumm, dass wir keinen Namen finden.« Das war's – im Laufe der Jahrhunderte wurde daraus Usedom.

Gründerzeitvilla im Fachwerkstil in Zinnowitz

Parkhotel Am Glienberg
Abseits vom Strandtrubel wird in ruhiger Lage gutes Niveau geboten. Neu ist der Wellnessbereich mit Hallenschwimmbad und finnischer Sauna. *38 Zi., Glienbergweg 10, Tel. 038377/720, Fax 724 34, €€*

Preussenhof
28 Apartments (bis 120 m² für 2–8 Pers.) in bester Lage: direkt an der Ecke Neue Strandstr./Strandpromenade, *Tel. 038377/390, Fax 395 10, €€€*

CAMPING

Campingplatz Pommernland
Hügeliges, naturbelassenes Waldgelände westlich des Ortes; behindertengerecht. *Ganzjährig geöffnet, Tel. 038377/403 48, Fax 403 49*

FREIZEIT & SPORT

Auf der Westpromenade die Kinderfreizeitanlage, Minigolf in der Dünenstraße, 5 Tennisplätze Seestraße/Waldstraße. Nach aufwändigen Umbauarbeiten öffnete das einstige Meerwasserhallenbad im Herbst 2001 als Bernsteintherme. Den Gästen werden u. a. ein 800 m² großer Schwimmbereich mit Meerwasser, ein Solebad mit 32 Grad warmem Wasser sowie eine Kegelbahn geboten. Wer sich sportlich betätigen möchte, ist im *Sportpark barge, Möskenweg,* richtig: Gymnastik, Tennis, Tischtennis, Kegeln, Badminton und Squash

AM ABEND

Die *Vineta-Festspiele,* eine multimediale Theatershow der Vorpommerschen Landesbühne Anklam, erzählt jährlich eine Episode aus der Geschichte der legendenumwobenen Stadt. Gespielt wird von Mitte Juni bis Anfang Sept. Di, Do, Sa 20 Uhr auf der 1200 Zuschauer fassenden *Ostseebühne.* Aus einer alten Strandkorblagerhalle entstand *Die Blechbüchse – das gelbe Theater,* in dem ganzjährig gespielt wird. Im *Tanzclub Seebrücke, Strandpromenade (im Preussenhof),* Tanz und Unterhaltung. Im *Hühnerstall* im Sportpark barge ist von Mi–So ab 21 Uhr etwas los: Singlenacht, Die Ultimative Tanznacht, Oldie-Night und mehr. Möchten Sie in luftiger Höhe in der *Sinatra Cocktail-Bar, Dünenstr. 20,* den Tag ausklingen lassen, empfiehlt sich Platzreservierung.

Insider Tipp

AUSKUNFT

Kurverwaltung

Neue Strandstr. 30 (im Haus des Gastes), 17459 Ostseebad Zinnowitz, Tel. 038377/49 20, Fax 422 29, KV-Zinnowitz@t-online.de, www.zinnowitz.de

ZIEL IN DER UMGEBUNG

Insider Tipp

Halbinsel Gnitz **[106 B–C 1–2]**

★ Der Gnitz mit seiner vielgestaltigen Landschaft teilt das Achterwasser (85,5 km²) von der Krumminer Wiek (14,9 km²) im Westen. In *Netzelkow* steht in der Backsteinkirche der sorgfältig restaurierte Sarkophag des 1747 verstorbenen Barons Lepel. Ein kleines Schild am Kircheneingang teilt mit, bei wem der Schlüssel für die Besichtigung abgeholt werden kann. In *Lütow* befindet sich das einzige Großsteingrab der Insel. Besonders bei Familien beliebt ist das *Ferienparadies Lütow,* auf einem großen Wald- und Rasengrundstück stehen in 44 Doppelhaushälften 80 m² große Ferienwohnungen (maximal 5 Pers.) bereit. Außerdem: Hallenbad (20 m) und zwei Tennisplätze mit Flutlicht. *17440 Lütow, Tel. 038377/49 30, Fax 493 19,* **€€**. Der Süden der Halbinsel mit dem 32 m hohen Weißen Berg wurde zum Naturschutzgebiet Südspitze Gnitz erklärt: Steilküste, Wald, Feuchtwiesen, Wassertümpel, Brombeeren sowie Schwäne, Hasen und scharenweise Möwen prägen diese Landschaft. *4 km*

Auf der Halbinsel Gnitz: Ausblick vom Weißen Berg

Wälder, Seen, stille Dörfer

Beschauliche Landschaften und der Geburtsort der Raumfahrt

Das Usedomer Hinterland ist mit romantischen Fleckchen reich beschenkt worden: einsame Moore, malerische Buchten und stille Seen, die wie große blaue Augen in den Wiesen und Wäldern liegen. Hier und dort wellt sich das Land zu Hügeln, von denen keiner höher als 100 m ist. Da besonders schöne Landschaften überall »Schweiz« genannt werden, verwundert es schon ein wenig, dass diese Bezeichnung auf Usedom nur einmal vorkommt. Die *Usedomer Schweiz* liegt bei Benz und ein wenig nordwärts in Richtung der beiden Krebsseen. Aber das Touristenziel Nummer eins im Hinterland wurde ein Ort wegen seiner Vergangenheit: Peenemünde, das sich Wiege der Weltraumfahrt nennt.

BENZ

[109 D6] ★ Die kleinen Häuser mit gepflegten Vorgärten, Sandwegen und einer Holländermühle gefielen bereits dem berühmten Lyonel Feininger, der hier 1912 seinen Skizzenblock hervorholte und zeichnete. Einige Jahrzehnte später kam Otto Niemeyer-Holstein, der Altmeister der norddeutschen Landschaftsmalerei, oft nach Benz. Umgeben von Wald und Feldern schmiegt sich das Dorf (600 Ew.) in eine schützende Senke. Das Südufer des Schmollensees reicht fast bis an die ersten Häuser heran. Gut überschauen lässt sich die reizvolle Umgebung des Dorfes vom Kückelsberg (58,3 m) aus, den neuerdings ein Aussichtsturm bekrönt.

Bilderbuchidylle: Lieper Winkel

SEHENSWERTES

Holländermühle
Sie ist der Stolz von Benz. Um 1830 wurde sie auf dem Hügel hinter dem Friedhof erbaut, bis 1971 drehten sich ihre Flügel im Wind. Auch heute noch, behaupten die Benzer, könne sie mit ihrer drehbaren Haube, dem Flügelkreuz und der Windrose Korn mahlen. Zu danken ist das dem Maler Otto Niemeyer-Holstein, der die Mühle 1972 kaufte und somit vor dem Verfall rettete.

Kirche St. Petri
Wunderschön im Inneren leuchten 135 Sternenbilder von einem Deckengewölbe in Gold, Weiß und Blau, die von einem Swinemünder

In Benz steht die einzige Holländerwindmühle Usedoms

Meister aus der ersten Hälfte des 19. Jhs. stammen. Das Altarbild zeigt Anthonis van Dycks »Beweinung Christi« (um 1630 gemalt) in einer guten Kopie. 1909 schenkte das damalige Kaiser-Friedrich-Museum in Berlin der Benzer Kirchengemeinde dieses Bild, nachdem diese sich bereit erklärt hatte, ihr eigenes mittelalterliches Altarbild zu verkaufen. In den Sommermonaten finden in der Kirche kulturelle Veranstaltungen statt.

Kunst-Kabinett Usedom

Eine alte Scheune ist heute beliebter Treff von Kunstfreunden. In der Galerie sind wechselnde Ausstellungen zeitgenössischer Künstler zu sehen. *Kirchstr. 14 a, Fr–So 11–16 Uhr*

ESSEN & TRINKEN ÜBERNACHTEN

Reit- und Ferienhof Benz

Angeboten werden 15 Hotelzimmer und 18 Ferienwohnungen in Bungalows, die Gaststätte *Sattelkammer* und für Reiter eine 20 x 40 m große Halle. *Labömitzer Str., 17429 Benz, Tel. 038379/25 30,* €

Schwalbennest

Familiengeführte Pension, Restaurant mit schmackhafter Hausmannskost. Bei Hundebesitzern beliebt. Es gibt einen Fitnessraum und ein Solarium. *7 Ferienhäuser (bis zu 5 Pers.), 10 Zi., Fritz-Behn-Str. 30, 17429 Benz, Tel./Fax 038379/203 03,* €

Insider Tipp

ZIELE IN DER UMGEBUNG

Mellenthin **[112 B1–2]**

Mitten auf der Insel, zwischen dem Städtchen Usedom und den Seebädern, liegt das ruhige Dörfchen Mellenthin mit dem einst schönsten Herrensitz, einem im 16. Jh. erbauten Renaissanceschloss. Fein hergerichtet wurde der Mellenthiner Gutshof. Das historische Gebäude firmiert als *Gutshof Insel*

Usedom und bietet 20 Hotelzimmer und 4 Maisonette-Ferienwohnungen an. *Dorfstr. 24, Tel. 038379/207 00, Fax 288 30, €€*

In der *Kirche* – einem Bauwerk aus mehreren Jahrhunderten – können der Bauherr des Schlosses Rüdiger von Neuenkirchen und seine Frau Ilsabe von Eichstett auf dem Relief der farbigen Grabplatte (1594) betrachtet werden. Es wurde in die Wand neben dem Eingang eingelassen. Die 12 Zentner schwere Platte wurde 1931 vom Chorraum ins Kirchenschiff transportiert, was nur mit Hilfe von sieben starken Männern gelang.

Neppermin **[108 B–C6]**
Eine neue, fast 300 m lange *Promenade* führt am Nepperminer See entlang, einer Bucht des Achterwassers. Zahlreiche Schautafeln informieren über die Natur und die Fischerei im Wandel der Zeiten. Am Rande von Neppermin liegt der neue *Golfpark Balmer See*. Direkt am Achterwasser das *Golf- und Landhotel Balmer See* mit Hallenbad und Restaurant. *90 Zi., 17429 Neppermin-Balm, Tel. 038379/280, Fax 282 22, €€–€€€, 4 km*

Pudagla **[108 C4]**
Die Windmühle östlich der Straße Mellenthin–B 111 ist die letzte Bockwindmühle Mecklenburg-Vorpommerns an ihrem Originalstandort. Bereits 1702 ist sie auf einer Landkarte verzeichnet. 1898 verändert, mit der Stilllegung 1937 begann der Verfall. 1997 wurde die Mühle wieder hergestellt. *6 km*

KAMMINKE

[115 D6] Zum Trocknen aufgehängte Netze und Reusen, im Hafen dümpelnde Kutter, schreiende Möwen … Wer auf der schmalen Straße in das Fischerdorf Kamminke (400 Ew.) kommt, glaubt sich am Ende der Welt. Ein wenig stimmt das sogar, denn weiter geht es in der Tat nicht: Im Süden das Kleine oder Stettiner Haff, im Osten die Grenze zu Polen. Einige Male am Tag wird es in der warmen Jahreszeit jedoch kurzzeitig lebhaft in

MARCO POLO Highlights »Hinterland«

★ **Benz**
Hübsches Dorf mit Windmühle, Kirche, rohrgedeckten Häusern (Seite 57)

★ **Peenemünde**
Einer der historisch brisantesten Orte in Deutschland (Seite 61)

★ **Lieper Winkel**
Ein Paradies für Naturfreaks – die ins Achterwasser ragende stille, flache Halbinsel (Seite 64)

★ **Golm**
Kriegsgräberfriedhof, Aussichtspunkt und Burgwall (Seite 60)

Arbeitsplatz für Fischer: der Hafen von Kamminke

dem Dorf, dann rollen unzählige Autos in Richtung Hafen, denn dort startet mehrmals am Tag ein Fahrgastschiff zu Einkaufsfahrten nach Polen. An Bord sind Schnäppchenjäger, die beladen mit steuerfreien Spirituosen und Zigaretten zurückkehren.

SEHENSWERTES

Golm **[115 D5]**

★ Der Berg, bis zum Zweiten Weltkrieg das beliebteste Ausflugsziel der Swinemünder, wurde zu einem der größten Kriegsgräberfriedhöfe Deutschlands. Ein 5 m hohes Holzkreuz am Eingang weist auf die Gedenkstätte hin, die vom Volksbund Deutscher Kriegsgräberfürsorge betreut wird. Mit einem schlichten Ehrenmal (1972), an dem die Worte von Johannes R. Becher »Dass nie eine Mutter mehr ihren Sohn beweint« zu lesen sind, wird der 23 000 Opfer des schweren Bombenangriffs der Alliierten auf Swinemünde vom 12. März 1945 gedacht, von denen die meisten am Golm bestattet wurden. Die Gräber am Denkmal sind eingeebnet. Der Marinefriedhof am Hang wurde für die verstorbenen Soldaten des Lazaretts Swinemünde angelegt, er ist auch Ruhestätte für die Besatzung des U-Boots 854 und die Toten anderer Kriegsschiffe. Auf dem Soldatenfriedhof wurden Kriegsopfer des Garzer Feldflugplatzes und die namentlich bekannten Wehrmachtsangehörigen des Bombenangriffs auf Swinemünde bestattet. In einem kleinen Pavillon am Fuß des Golms ist eine Ausstellung über die Geschichte des Berges zu sehen *(Mitte März–Mitte Nov. tgl. 9–18 Uhr)*. Der 59 m hohe Golm war schon zur Bronzezeit besiedelt. Die Reste eines bronzezeitlichen Burgwalls belegen das noch heute. Von der höchsten Stelle bietet sich ein schöner Blick auf Swinemünde.

ESSEN & TRINKEN ÜBERNACHTEN

Haffblick
Die Brüder Jens und Sven Hollatz haben sich unweit vom Hafen eine kleine Gaststätte eingerichtet, in der gekonnt gekocht wird. Das Preis-Leistungs-Verhältnis stimmt, auch bei den 4 Zimmern. *Wiekstr. 12, 17419 Kamminke, Tel. 038376/20 203, €*

ZIELE IN DER UMGEBUNG

Dargen [112–113 C–D4]
Zweiräder und Motorentechnik der DDR, auch viele andere interessante Exponate aus dem verflossenen Staat zeigt ein kleines *Museum* in der *Bahnhofstr. 1, April–Dez. tgl. 9–19 Uhr.* Der *Mini-Hafen* von Dargen (500 Ew.), 1,6 km entfernt, diente im Zweiten Weltkrieg als Umschlagplatz für das Munitionsdepot in der Mellenthiner Heide. Das Ehepaar Butz führt den in Richtung Hafen liegenden *Gasthof t'n Eikbom* engagiert, im Angebot ist fast immer das probierenswerte Gericht der lokalen Küche: Insider Tipp mit Backpflaumen gefüllter Schweinerippenbraten mit Rotkohl und Salzkartoffeln. *5 Zi., Haffstr. 10 c, 17419 Dargen, Tel. 038376/204 21, €. 12 km*

Thurbruch [113 D–F 2–3]
Schnurgerade Entwässerungsgräben zerschneiden die ebene Moorlandschaft nordwestlich von Kamminke. Bei Kachlin wurde 1995 das letzte *Windkraftschöpfwerk* rekonstruiert, als technisches Denkmal kündet es heute weithin sichtbar von den Bemühungen, das Thurbruch trockenzulegen. Bis zur Spitze hat die Anlage eine Höhe von 11,75 m, der Windraddurchmesser beträgt 8,45 m. Die Torfstecherei endete, als Stein- und Braunkohle als Brennmaterial zum Einsatz kamen. Der Name Thur geht auf die Slawen zurück und bedeutet in deren Sprache Auerochse. Das letzte der fast 2 m groß werdenden Tiere soll im 14. Jh. erlegt worden sein. *9 km*

PEENEMÜNDE

[100 B–C5] In ★ Peenemünde (500 Ew.) ließ Hitler seine Heeresversuchsanstalt errichten, das zu seiner Zeit modernste und größte Hightech-Zentrum Europas. Unter äußerster Geheimhaltung arbeiteten hier etwa 15 000 Menschen unter der wissenschaftlichen Leitung von Wernher von Braun an der Entwicklung und Erprobung neuer Waffensysteme. In Peenemünde entstand die erste automatisch gesteuerte Flüssigkeitsgroßrakete der Welt, die A 4. Jahrzehnte versperrte ein Schlagbaum hinter Karlshagen die Weiterfahrt: Peenemünde und die Nordwestspitze Usedoms waren militärisches Sperrgebiet, zunächst bei den Nationalsozialisten, später in der DDR.

Die ab Dezember 1942 in Serie hergestellten Raketen, ab Frühjahr 1943 in den Medien als Vergeltungswaffen propagiert, wurden vor allem in Angriffen auf London, Antwerpen, Lüttich und Rotterdam eingesetzt. Der Norden Usedoms ist die Geburtsstätte einer der grausamsten Waffen des Zweiten Weltkrieges, der V 2, die aber auch als Vorläufer aller Raumfahrtträgerraketen gilt. Von Hitlers Raketenschmiede ist jedoch nicht mehr viel

Peenemünde: Rakete und Mahnmal

zu sehen, denn die Sowjetarmee hat nach 1945 den größten Teil der Anlagen gesprengt. Das Potsdamer Abkommen hatte festgelegt, alle Rüstungsbetriebe dem Erdboden gleichzumachen. Dem Dynamit trotzten lediglich die starken Mauern des Sauerstoffwerkes, das heute noch als Ruine in den Himmel ragt. In diesem Bauwerk wurde der für den Start der »Wunderwaffen« benötigte Flüssigsauerstoff produziert. Aus nationalsozialistischer Zeit stammt ebenfalls das gewaltige, damals modernste Kraftwerk Europas (1939–42), das bis 1990 Energie erzeugte. Die Bundesmarine beendete 1996 die 60-jährige Militärpräsenz im Ort Peenemünde.

SEHENSWERTES

Kapelle
Die achteckige Friedhofskapelle (1876) gegenüber dem Historisch-Technischen Informationszentrum wurde während der Peenemünder Militärzeit vernachlässigt und verfiel. 1993 wurde sie originalgetreu wieder aufgebaut.

Maritim Museum
Das einstmals größte dieselbetriebene Unterwasserschiff der Welt liegt im Peenemünder Hafen. Den 1965 erbauten stählernen Riesen von 86 m Länge musterte die russische Kriegsmarine 1994 aus. Gegenüber wurde der 1877 erbaute Dreimastschoner *Vidar* festgemacht, der zum Gaststättenschiff wurde. *Juli, Aug. tgl. 9–21 Uhr, Sept.–Juni 10–18 Uhr*

Phänomenta
Physikalische Experimente aller Art. *Museumsstr. 12, April–Okt. tgl. 10–18 Uhr*

MUSEEN

Pommersches Bettenmuseum
Rund ums Bett, vom Nachtgeschirr bis zur Nachtkleidung, auch Erotisches wird gezeigt. *Am Flugplatz, April–Okt. tgl. 10–18 Uhr*

Historisch-Technisches Informationszentrum
Die Ausstellung im ehemaligen Kraftwerk der Heeresversuchsanstalt, das selbst ein bedeutendes technisches Denkmal darstellt, dokumentiert die Arbeit der Peenemünder Raketenforscher, die verheerenden Folgen der neuen Waffen sowie deren Weiterentwicklung bei Militär und Raumfahrt nach

dem Zweiten Weltkrieg. Im Freigelände steht in Originalgröße von 14 m ein Modell der legendären V 2. Ausgestellt sind auch Jagdflugzeuge und Hubschrauber, die auf dem Flugplatz der NVA in Peenemünde stationiert waren. Museum wurde das ebenfalls in der Sowjetunion gebaute 56 m lange Raketenschiff »Tarantul«, das am Hafen liegt. *April–Okt. Di–So 9–18 Uhr, Nov. bis März Di–So 10–16 Uhr, Juni bis Sept. auch Mo geöffnet, Bahnhofstr. 28, Tel. 038371/ 205 73, Fax 205 74*

ESSEN & TRINKEN

Die Flunder
Fisch- und Grillgerichte bestimmen die Karte. *Hafenpromenade 7, Tel. 038371/219 95, €€*

ÜBERNACHTEN

Am Deich
Die kleine, neue Pension hält 6 preiswerte Zimmer bereit, im Café gibt es rund 40 Kaffeespezialitäten. *Feldstr. 1 a, Tel. 038371/285 82, Fax 285 12, €*

USEDOM

[111 D–E 4–5] Die einzige Stadt der Insel (2000 Ew.) blieb ein liebenswerter und beschaulicher Ort. Sie vermochte nicht aus dem Schatten der Seebäder zu treten, in mancher Ecke glaubt man sich in frühere Jahrhunderte zurückversetzt. Kopfsteingepflasterte Straßen und kleine hell getünchte Häuser, die sich aneinander schmiegen, bestimmen das Stadtbild. Das Anklamer Tor, das Wahrzeichen des Städtchens, wurde um 1459 erbaut und ist der Rest der mittelalterlichen Stadtbefestigung.

SEHENSWERTES

Marienkirche
Für das Städtchen dürfte die Kirche ein wenig zu groß geraten sein. Der wuchtige Backsteinbau steht mitten auf dem Marktplatz. Sein heutiges Aussehen bekam die dreischiffige Hallenkirche 1891–93, die Inneneinrichtung stammt auch aus dieser Zeit.

Schlossberg
Der Aufstieg wird mit einem herrlichen Blick auf die Stadt und den Usedomer See belohnt. Auf dem Berg versammelte Pfingsten 1128 Bischof Otto von Bamberg auf seiner zweiten Missionsreise nach Pommern die Slawenfürsten um sich und predigte ihnen das Christentum, mit Erfolg, wie wir heute wissen. An dieses Ereignis erinnert das mächtige Kreuz aus weißem Granit. Auf einer 800 Jahre später angebrachten Tafel sind die Worte des Bischofs zu lesen: »Gott will nicht erzwungenen, sondern freiwilligen Dienst.«

MUSEUM

Heimatstube
Zu sehen ist, was die Bürger einer kleinen Stadt wie Usedom in der Vergangenheit zum Leben und Arbeiten besaßen. *Im Anklamer Tor, Mai–Aug. tgl. 10–14 Uhr*

ESSEN & TRINKEN ÜBERNACHTEN

Norddeutscher Hof
Kleines, solides Hotel; im Restaurant stets frischer Fisch auf der Kar-

Ob gemütlich oder sportlich – Usedom ist wie geschaffen für Radler

te. Überraschend umfangreich das Whisky- und Cocktailangebot. *8 Zi., Markt 12, Tel. 038372/702 66, Fax 707 12, €€*

AUSKUNFT

Stadtinformation
Markt 7, 17406 Usedom, Tel. 038372/708 90, Fax 71072, Stadtinfo.Usedom@t-online.de, www.usedom.de/usedom_stadt/

ZIELE IN DER UMGEBUNG

Lieper Winkel **[107 D–F 3–5]**
★ Fuchs und Hase sagen sich auf der ins Achterwasser ragenden Halbinsel im wahrsten Sinne des Wortes Gute Nacht. Die *Ferienanlage Am Achterwasser* bietet 13 Ferienwohnungen (für 2–4 Pers.) und ein kleines, von Ostern bis Mitte Okt. geöffnetes Restaurant. *Dorfstr. 12, 17406 Warthe, Tel. 038372/75 20, Fax 752 52, €€, 10 km*

Morgenitz **[111 F1]**
Kleines Dorf (230 Ew.) nahe dem Südufer des Krienker Sees, einer lang gestreckten Bucht des Achterwassers. Vor der Kirche gibt es einen riesigen *Findling* aus dem Gothensee zu sehen, den 16 Pferde an seinen jetzigen Platz geschleppt haben, und eine Sammlung von 23 alten *Trogmühlen.* Wer ein Souvenir mitnehmen möchte: Fayencen, lehm- und holzascheglasiertes Steinzeug sowie Gebrauchsgeschirr fertigen *Manfred und Astrid Dannegger, Dorfstr. 8. 9 km*

Stolpe **[112 A5]**
Vom *Schloss*, dessen älteste Teile aus dem 17. Jh. stammen, sind nur noch Reste vorhanden. Nach dem Zweiten Weltkrieg holten sich Vertriebene aus dem leer stehenden Gebäude Baumaterial für ihre Neubauernhäuser. Ein Kunstverein bemüht sich gegenwärtig, im Schloss ein Museum einzurichten. Die Kir-

che des Dorfes wurde 1871 im neugotischen Stil gebaut. Abseits vom Dorf entstand die Insider Tipp ökologische Ferienanlage *Stolperhof* mit 14 gemütlich eingerichteten Zimmern, die hier Kammern heißen (für bis zu 6 Personen), sowie Pferden, Kühen, Schafen, Gänsen, Tauben und dem Schwein Auguste. *Ausbau 1, 17406 Stolpe, Tel. 038372/710 81, Fax 710 82, €€, 5 km*

Usedomer Winkel **[110 B–C 5–6]**
Die südwestlichste Ecke Usedoms, die 330 m lange Zecheriner *Bäderbrücke* (1931) verbindet sie mit dem Festland.

Was in der Nähe von *Karnin* riesig aus dem Wasser ragt, sind die Reste der 600 m langen Eisenbahn-Hubbrücke, die Usedom mit Kamp auf dem Festland verband. Die gewaltige, 1930–32 errichtete Stahlkonstruktion war Europas größte und modernste Eisenbahn-Hubbrücke. Fanatische Nationalsozialisten sprengten die Brücke in den letzten Tagen des Zweiten Weltkriegs, die Sowjets ließen die 45,5 km langen Gleisanlagen von Ducherow nach Swinemünde als Reparationsleistung demontieren. Den Karniner Bahnhof (um 1900) restaurierten Usedomer Eisenbahnfreunde. Es entstanden das *Hubbrückencafé* und eine Ausstellung zur Geschichte des Bahnhofs, im Freigelände sind historische Wagen zu sehen *(Mai–Sept. tgl. 10–17 Uhr, Okt.–April Do–Mo 10–16 Uhr).*

In Karnin verdient noch der denkmalgeschützte Lotsenturm Aufmerksamkeit, fälschlicherweise oft als Leuchtturm bezeichnet. 1938 errichtet, wurde er nur bis 1945 genutzt. Hinter dem Turm die *Gaststätte Haffschänke* mit fangfrischem Fisch im Angebot; Garten und Bootshafen *(Tel. 038372/703 75, €). 2 km*

Inselsafari im Landrover

Naturerlebnisse mit Mountainbikes, Schlauchboot oder Kajaks

Auf dem Dach des Landrovers sind die Mountainbikes verkettet, das Schlauchboot oder die Kajaks sind angehängt, und jeder der maximal achtköpfigen Jeepbesatzung, die manchmal gehörig durchgeschüttelt wird, bekommt ein Fernglas umgehängt. Usedom ist weit mehr als nur Strand und Meer. Der Naturpark Usedom bietet viele, teilweise noch unberührte Ecken, die sich abseits der Landstraßen und der Touristenströme verstecken. Insel-Safari-Chef Uwe Fiedler hat sie ausfindig gemacht und führt Touristen mit dem Landrover dorthin. Picknickpausen unter freiem Himmel und zünftiges Grillen mit frischem Fisch oder Fleisch am Lagerfeuer gehören auch dazu. Neben naturkundlichen Tagestouren bietet er auch solche für zwei oder drei Tage auf und um Usedom an. *Insel-Safari, Tel. 038379/201 25, Fax 20 32 99, www.insel-safari.de*

Usedoms kleine Schwestern

Vom streng abgeriegelten Militär- zum Naturschutzgebiet

Altes Lotsenhaus in Ruden

Jahrzehnte waren die Greifswalder Oie und der Ruden militärisches Sperrgebiet, Touristen konnten sie nur vom Festland aus mit dem Fernglas betrachten.

1937 richteten sich die Peenemünder Raketenforscher auf den beiden kleinen Inseln ein, nach dem Zweiten Weltkrieg nahm sie die Rote Armee in Besitz, später waren hier die Grenztruppen der DDR stationiert. Die 54,7 ha große Greifswalder Oie wird gern »Helgoland der Ostsee« genannt, der 27 ha große Ruden diente jahrhundertelang, bis 1972, als Lotseninsel.

Beiden Inseln hat die Natur in den vergangenen Jahrhunderten arg mitgespielt, unaufhörlich nagten Sturm und Wasser an ihren Uferrändern. Die Greifswalder Oie hat allein in den Jahren 1690–1728 fast ein Viertel ihrer Fläche verloren, der Ruden soll heute nur noch ein Drittel so groß wie vor 300 Jahren sein.

Ohne das Eingreifen der Menschen seit dem vorigen Jahrhundert würde es die Insel Ruden heute nur noch als Sandbank geben. Als Naturkleinode stehen beide, die Greifswalder Oie und der Ruden, unter Schutz. Die markierten Rundwege dürfen deshalb nicht verlassen werden. Übernachtungsmöglichkeiten bestehen nicht, sie sind auch nicht geplant; Camping ist verboten. Es gibt keine Gaststätten und Imbissstände, öffentliche Toiletten sind nicht vorgesehen, die Touristen werden gebeten, die Schiffstoiletten zu nutzen; Rauchen ist verboten.

Einsamkeit, Steilküste und Vogelparadies auf der Greifswalder Oie

GREIFSWALDER OIE

[U C1] 1550 m in der Länge misst die Greifswalder Oie, an der breitesten Stelle sind es 570 m. Das Inselchen hat etwa die Größe von Monaco. Im Frühjahr überzieht ein Blütenteppich das Eiland, im Herbst reifen Brombeeren, Hagebutten, Haselnüsse, Birnen und Äpfel. Die Stechpalme, deren korallenrote Steinfrüchte giftig sind, hat auf der Insel ihr östlichstes Vorkommen.

Nach dem Ersten Weltkrieg avancierte die Greifswalder Oie zum beliebten Reiseziel, von Rügen und Usedom aus starteten regelmäßig Kaffeefahrten.

Nach dem Abzug der letzten Militärs im Februar 1991 gab es um die Zukunft der Greifswalder Oie viel Gerangel. Ein Hamburger Unternehmer wollte einen Flughafen für Sportflieger errichten, ein belgischer Geschäftemacher bot 2,5 Mio. Euro, um aus dem rauen Eiland eine exklusive Bestattungsstätte für »auserwählte Sterbliche« zu machen; 50 000 Euro sollte eine Grabstätte kosten. Umwelt- und Naturschützer jedoch fegten alle diese Pläne vom Tisch, die Oie wird Vogelparadies bleiben. Sie wurde Eigentum des Landes Mecklenburg-Vorpommern, der Vogelschutz-Verein Jordsand bekam einen Betreuungsvertrag.

ANREISE

In den Sommermonaten fahren mehrmals in der Woche Schiffe zur Greifswalder Oie, der Aufenthalt beträgt meist 2 Stunden. Auskunft über die Abfahrtsorte und -zeiten geben die Tourist-Informationen und Kurverwaltungen.

RUNDGANG

Der kleine Hafen an der Südwestspitze der Insel, in dem die Fahrgastschiffe die Touristen an Land setzen, ist Liegeplatz für den Seenotkreuzer »Fritz Behrens« (Länge 23,3 m, 2076 PS, 20 Knoten Geschwindigkeit) mit seinem Tochterboot »Anna« (7 m lang, Tiefgang 60 cm, 180 PS), beide werden von Rügen bis an die polnische Grenze eingesetzt. Schiffe dürfen nur in

Die zutraulichen Shetlandponys können sich wie kleine Rowdys benehmen

MARCO POLO Highlights »Greifswalder Oie und Ruden«

★ **Shetlandponys**
Wild und neugierig lebt die Herde auf der Greifswalder Oie (Seite 69)

★ **Insel-Rundgang**
Unberührte Natur und Grenzgeschichte auf Ruden (Seite 70)

Notsituationen oder bei widrigen Witterungsverhältnissen anlegen. Am Hafen beginnt der ausgeschilderte Rundweg. Er führt am Schuppen der Deutschen Gesellschaft zur Rettung Schiffbrüchiger vorbei zum schräg gegenüberstehenden schneeweißen Haus, in dem die Dienst habende Besatzung des Seenotkreuzers wohnt. Einst beherbergte das alte Bauernhaus den Inselkommandanten und seine Familie. Im Inselhof, früher Bauernhof und Pension, hat der Verein Jordsand eine naturkundliche Forschungs- und Beobachtungsstation eingerichtet, eine kleine Ausstellung vermittelt Wissenswertes. Spätestens vor dem Inselhof werden sich zu Ihnen kleine Begleiter gesellt haben: ★ Shetlandponys, die sich seit 1977 auf der Insel tummeln. Die kleinen, genügsamen Vierbeiner hat der Rostocker Zoo 1977 auf die Insel gebracht, damit sie das Gras niedrig halten. Rund 30 Ponys, die völlig in freier Wildbahn leben, stromern das ganze Jahr über auf der Greifswalder Oie herum. Sie heften sich an die Füße der Touristen, denn die bilden im Sommer die einzige Abwechslung im Tieralltag. Die Ponys nähern sich den Besuchern als Bettler und Wegelagerer. Wer sie füttert, hat die Herde auf dem gesamten Inselrundgang an seiner Seite! Das Füttern sollte auch unterbleiben, weil es schon zu Ernährungsstörungen und mehrfach zum Tod der an die natürliche Nahrung angepassten Tiere führte. Seit 1998 lebt auch eine ebenfalls auf 30 Tiere begrenzte Herde von Gotlandschafen auf der Insel. Gemeinsam mit den Shetlandponys sorgen sie für niedriges Strauchwerk.

Der betonierte Weg, der bis zur Inselmitte reicht, stammt noch aus der Zeit vor 1945. Am Generatorenhaus vorbei kommen Sie zur östlichen Steilküste. Bei gutem Wetter ist Usedom gut erkennbar. Von der Höhe aus können Sie Möwen, Seeschwalben, Kormorane und Schwäne beobachten. Die am Boden brütenden Vögel wurden schon vor Jahren von Füchsen verjagt, die in Sandsteinhöhlen am südlichen Steilufer und im Busch leben, einem 4 ha großen Eichen-Eschen-Buchen-Wald im Nordosten. Wenn Sie aus dem Wald treten, ist der 38,6 m hohe, achteckige Leuchtturm zu sehen, das höchste Bauwerk seiner Art an der Küste Mecklenburg-Vorpommerns. Leider dürfen Besucher die 176 Stufen nach oben nicht erklimmen, deshalb für technisch Interessierte einige Details: Die Glühlampe hat eine Leistung von 2000 Watt, der Strom wird von einem Dieselaggregat erzeugt. Alle 3,8 Sekunden blitzt 0,2 Sekunden lang ein weißer Strahl, der 48 km weit gesehen werden kann. Der Leuchtturm auf der Greifswalder Oie hält den Rekord unter den Ostsee-Leuchttürmen, denn er strahlt am weitesten. Zur Einweihung des Turms kam 1855 Preußenkönig Friedrich Wilhelm IV. auf die Insel. Einen guten Eindruck haben die Bewohner bei ihrem Regenten jedoch nicht hinterlassen, wenn zeitgenössischen Berichten geglaubt werden darf: Der Empfang war »nicht sehr respektvoll, und Majestät erbosten sich über den Fliegendreck auf dem Herrscherbild, das er in einer Bauernstube erblickte«. Die gut getarnten, teilweise in die Erde gebauten Garagen in Leuchtturmnähe bauten die Luftstreitkräfte der NVA der DDR. Vom Norden der Insel blickt man bis nach Rügen. Seit 1913 umschließt ein Steinwall fast die ganze Insel. Den enormen Aufwand betrieb man, damit die Greifswalder Oie nicht vom Meer verschlungen wurde. Bei einem Verlust der Insel wäre nämlich das deutsche Territorialgebiet wesentlich kleiner geworden.

RUDEN

[100 B–C1] Schon seit 1925 gehört die 800 m lange und maximal 375 m breite Insel zum Naturschutzgebiet Peenemünder Haken, Struck und Ruden. Die den Ruden umgebenden Flachwasserbereiche zählen zu den bevorzugten Rastgebieten von Wasservögeln; auf der Südspitze, dem so genannten Riff, rasten in den Sommer- und Herbstmonaten Tausende von Kormoranen. Der nördliche Inselteil besteht aus bis zu 7 m hohen bewaldeten Sanddünen. Kiefern, Eichen und Buchen wachsen hier, an der Südspitze sind es vor allem Dünengräser, gelegentlich aber auch wilde Rosen, Stranddisteln und Wacholder. Östlich und westlich der Insel stehen zwei Leitfeuer im Wasser, die alle sechs Sekunden einen Lichtstrahl aussenden, der bis heute den Kapitänen und Schiffsführern in diesem gefährlichen Seegewässer bei der Navigation hilft.

Um die Insel vor der Meeresbrandung zu schützen, wurde 1905 am Südende ein Betonwall gebaut, der 1200 m lang ins Meer ragt. Das brachte dem Ruden scherzhaft den Beinamen »Silberplatte Deutschlands« ein. Denn mit dem Geld, das der Schutzwall damals kostete, hätte man die gesamte Insel mit silbernen Fünf-Mark-Stücken pflastern können.

ANREISE

Mehrmals wöchentlich fahren in den Sommermonaten Schiffe zur Insel Ruden, der Landgang beträgt meist 1 Stunde. Über die Abfahrtszeiten und -orte informieren die Tourist-Informationen und Kurverwaltungen.

RUNDGANG

★ Der markierte Lehr- und Wanderpfad beginnt am kleinen, für Sportboote zugelassenen Hafen auf der Ostseite, der in den 70er-Jahren des 20. Jhs. für die Grenzabfertigung ausgebaut wurde. Hier saßen DDR-Grenzoffiziere und Zöllner, penibel kontrollierten sie jedes vorbeifahrende Boot, hier erfolgte auch das zeitaufwändige Ein- und Ausklarieren der Fischkutter, obwohl sie nur in heimischen Gewässern fangen wollten. Die staatlichen Kontrolleure, darunter Mitarbeiter der Staatssicherheit, hatten ihr Domizil in der Finnhütte am nördlichen Hafenende.

An der Ost- und Nordseite schützt eine aus Feldsteinen errichtete, mannshohe Schutzmauer (1904) die Insel vor der Meeresbrandung. Von der Westseite aus reicht der Blick über den Greifswalder Bodden nach Rügen und zu den Kirchtürmen von Greifswald. Vorbei am Lotsenturm, den zu DDR-Zeiten die Grenztruppen nutzten, führt der Weg zu den 1900 erbauten ehemaligen Lotsenhäusern in Hafennähe. Der unlängst restaurierte Turm an der Südspitze der Insel stammt aus der Zeit der Braunschen Raketenforschung, er wurde als Messstation für die in Peenemünde gestarteten V 2-Versuchsgeschosse genutzt. Seit 1999 wird im Turm eine Ausstellung gezeigt, die auch die Küstenveränderungen in den letzten drei Jahrhunderten erläutert. Beeindruckend ist der Blick durch das auf dem Turmdach installierte Fernrohr. Insider Tipp

Seit 1995 leben auf Ruden Pommersche Landschafe völlig frei. Sie suchen sich ihr Futter selbst, nur wenn sie trächtig sind, erhalten die Mutterschafe zusätzlich etwas Hafer. Die Blätter von Hagebutten- und Brombeersträuchern sowie wilde Rosen sind die Leckerbissen der Tiere. Das Staatliche Amt für Natur und Umwelt hat die Herde auf 30 Muttertiere begrenzt, die etwa 45 Lämmer im Jahr setzen.

Kleines maritimes Lexikon

Auf einen Blick: Fachausdrücke für Binnenländer

Achterwasser	Achter heißt im Niederdeutschen »hinter«, also das »Wasser hinter« der Ostsee
Bodden	Bucht mit schmalem Zugang zum Meer
Bojen	schwimmende Seezeichen
Brise	frischer Wind; »tolle Brise« steht auch für alkoholische Schlagseite
Haff	vom Meer weitgehend abgeschnürte ehemalige Meeresbucht
Kliff	niederdeutsche Bezeichnung für Steilküste
Klippe	von Sturm und Regen aus einem Kliff herausgearbeiteter Felsen
Maritim	das Meer, die Seefahrt betreffend
Wiek	niederdeutsche Bezeichnung für kleine flache Bucht

Das polnische Usedom

Vom einst mondänen Swinemünde zum Nationalpark Wolin und nach Stettin

Ein Tagesausflug von Ahlbeck in den polnischen Teil Usedoms ist für die meisten obligatorisch. Nicht wenige quartieren sich aber auch im polnischen Świnoujście (Swinemünde) oder auf der Nachbarinsel Wolin in Międzyzdroje (Misdroy) ein und entdecken von dort aus den deutschen Teil der Insel.

Bereits vor über hundert Jahren verlor Usedom seinen südöstlichsten Zipfel mit dem Dorf Karsibór (Kaseborg), als von 1875 bis 1880 der 12 km lange Kanal Piastowski (Kaiserfahrt) gegraben wurde. Dieses Fleckchen Erde, von der Neuzeit fast vergessen, ist heutzutage nur von der Insel Wolin aus über eine schmale Brücke erreichbar.

Der Grenzübergang Ahlbeck/Świnoujście an der B 111 ist nur für Fußgänger und Radfahrer zugelassen, das Auto muss zurückbleiben. Direkt an der Grenze besteht ein gebührenpflichtiger Parkplatz für etwa 400 Pkws, ist er voll, bleibt Ihnen nichts anderes übrig, als zu warten. Gut beraten ist, wer mit der Bäderbahn fährt, die 1997 bis zur Grenze verlängert wurde. Von der Endhaltestelle am Parkplatz sind es nur wenige Schritte bis zur Passkontrolle. Auf polnischer Seite warten Dutzende von Taxen und Pferdekutschen auf die zahlungskräftigen Gäste aus Deutschland.

Die gotische Jakobikirche in Stettin

Erfrischung im Stettiner Straßencafé

Świnoujście (Swinemünde)

Karte in der hinteren Umschlagklappe

[115 D–E 3–4] Bedeutender Handels- und Fährhafen und bei den Polen ein beliebter Urlaubs- und Kurort. Behandelt werden Erkrankungen der Atemwege und der Haut sowie Herz- und Kreislauferkrankungen. Der Kurort mit seinen Villen und Pensionen wird durch einen weitläufigen Park mit Waldflächen von der übrigen Stadt getrennt. Das 300 m breite Band der

Interessante Architektur: Haus mit Säulenbalkonen in Swinemünde

Swina (Swine) zerschneidet die Stadt (43 000 Ew.) in zwei Teile. Das Zentrum und der Kurbereich im Westen erstrecken sich auf Uznam (Usedom), die Vororte liegen östlich auf der Insel Wolin. Fähren (Benutzung kostenlos) tuckern rund um die Uhr über die Swina, einen Fluss ohne Quelle, der einen Großteil des Oderwassers, das ins Stettiner Haff strömt, mitnimmt und zur Ostsee führt. Von 6 bis 22 Uhr werden vorrangig PKWs von Einheimischen befördert, alle anderen müssen sich in dieser Zeit 7,5 km südlich bei Karsibór übersetzen lassen. Diese Fähre verkehrt von 6 bis 18 Uhr alle 30 Minuten.

Swinemünde war lange Zeit Deutschlands größtes Seebad. Hierher reiste, wer seinerzeit Macht und Geld hatte. Die Stadt war, bis die Alliierten sie im Potsdamer Abkommen Polen zusprachen, das Verwaltungszentrum der Insel.

SEHENSWERTES

Hafen

Rundfahrten (Dauer: eine Std.) durch den Hafen beginnen am westlichen Swina-Ufer (nördlich der Stadtfähre). Zwei lange Molen (1818–23) schützen den Hafen vor dem Versanden. Charakteristisch für die Westmole ist die weiße Leuchtbake, ein Seezeichen in Form einer Windmühle. Neuerdings darf man auf der Ostmole wieder spazieren.

Kirchen

Die evangelisch-lutherische König-Christus-Kirche entstand 1788–92 *(ul. Konstytucji 3. Maja)*. Die katholische Kirche wurde 1895 erbaut *(ul. Piastowska Mieszka I.)*. Von der 1945 zerstörten Lutherkirche (1903) steht nur noch die Turmruine. *ul. Paderowskiego/Ecke ul. Pilsudskiego*

Kurviertel

In der *ul. St. Zeromskiego*, der *ul. Juliusza Slowackiego* und den Querstraßen sind Beispiele der verspielten Bäderarchitektur zu sehen. Der Kurpark, Mitte des 19. Jhs. angelegt, schmückt sich mit vielen seltenen, unter Naturschutz stehenden Bäumen und Sträuchern. Die Wiederherstellung der Seebrücke sowie ein Freizeitbad sind geplant.

Leuchtturm

Als 1859 erstmals sein Licht den Schiffen den Weg wies, war er mit

68 m Höhe der höchste Leuchtturm der Welt. Seit 2000 dürfen Besucher die 310 Stufen zur Aussichtsplattform hochsteigen. *Tgl. 10–18 Uhr, auf dem östlichen Swina-Ufer*

Östliche Artilleriefestung
Die im 19. Jh. errichtete Festung auf dem östlichen Swineufer steht für die Besichtigung offen. Tgl. um 12 Uhr wird ein Kanonenschuss abgefeuert. Der Weg ist mit »Wschodni Fort Artzleryjski« ausgeschildert. *Mai–Sept. tgl. 9–18 Uhr*

Insider Tipp

MUSEUM

Museum für Hochseefischerei
Tiere der Ostsee, Fischereikunde sowie Stadtgeschichte. Auch Fotos vom alten Swinemünde. *Di–Fr 9–16 Uhr, Sa, So 11–16 Uhr, Plac Rybacki 1*

Insider Tipp

ESSEN & TRINKEN

Albakora
Deftige, preiswerte Küche, die Speisekarte hängt in Deutsch aus. *ul. Konstytucji 3. Maja 6, €*

Insider Tipp

Central
Bei der Wienerin Doris Spadt gibt es logischerweise österreichische Mehlspeisen, aber nicht nur: Auch polnische und internationale Gerichte stehen auf der Karte. *ul. Armii Krajowej 3, €*

EINKAUFEN

Tausende von Konsumwilligen strömen von Ahlbeck aus täglich über die Grenze zum kilometerlangen ★ *Flohmarkt* an der *ul. Wojska Polskiego* (400 m nach dem Grenzübergang) und an der *ul. 11. Listopada.* Hier beginnt für die Deutschen das Schnäppchen-Dorado, für die Polen die Jagd nach dem Euro. Das Angebot ist riesig. Es reicht von bunten Gartenzwergen bis zu schmackhaftem Räucheraal.

Wer niveauvoller einkaufen möchte, geht in die hübsche *Centrum-Passage* mit kleinen Boutiquen, Eingänge gibt es im Haus Nr. 6 der *ul. Boh. Wrzesnie* und dem Haus Nr. 12 der *ul. Armii Krajowej.*

ÜBERNACHTEN

Atol
Modernisiertes Haus im Kurviertel mit Sauna und Solarium, 100 m vom Strand entfernt. *21 Zi., ul. Orkana 3, Tel. 0048/91/321 30 10, Fax 321 38 46, €*

Fontane
Das einstige Ferienheim eines polnisches Betriebes wurde völlig mo-

MARCO POLO Highlights »Świnoujście«

★ **Flohmarkt**
Schnäppchen-Dorado an der ul. Wojska Polskiego (Seite 75)

★ **Nationalpark Wolin**
Wisente und kleine Seen; seinem Namen gerecht wird der Türkissee (Seite 76)

dernisiert, ein Schwimmbad soll Ende 2002 öffnen. *105 Zi., ul. Slowackiego 5, Tel./Fax 0048/ 913 21 57 80,* **€€**

FREIZEIT & SPORT

4 km langer und bis zu 70 m breiter weißer Sandstrand, an dem keine Strandkörbe mehr stehen. *Tennisplätze* an der *ul. Jana Matejki, Hallenbad* hinter den Dünen an der *ul. St. Zeromskiego.*

AM ABEND

Das *Amphitheater, ul. Chopina,* bietet 3500 Zuschauern Platz, in den Sommermonaten finden hier regelmäßig Veranstaltungen statt. Immer etwas los ist auch im *Städtischen Kulturhaus, ul. Wojska Polskiego 1.* Beliebt bei jungen Leuten bis Anfang 20 ist die *Disko Alibi, ul. Slowackiego.*

AUSKUNFT

Centrum Informacji Turystycznej (Touristisches Informationszentrum)
Wybrzeze Wladyslawa IV (im Pavillon der Stadtfähre), 72-600 Świnoujście, Tel./Fax 0048/91/322 49 99, cit@fornet.com.pl, www.swinoujscie.pl (in Engl.)

ZIELE IN DER UMGEBUNG

Międzyzdroje (Misdroy) **[O]**
Seebad mit breitem, feinem Sandstrand. Międzyzdroje (7000 Ew.) war vor dem Zweiten Weltkrieg eines der beliebtesten und elegantesten deutschen Seebäder. Den Strand begleitet eine 2,2 km lange *Promenade.* Die Seebrücke, einst 360 m lang, entstand nach mehreren Zerstörungen neu. Doch das Geld reichte nur für etwa 150 m. Das *Woliner Nationalparkmuseum* befindet sich im Ortszentrum *(Di–So 9–16 Uhr, ul. Niepodleglosci 3).* Westlichen Ansprüchen gerecht wird das zur Vienna International Hotelmanagement AG gehörende *Hotel Amber Baltic:* direkt am Strand gelegen mit Hallenbad, Schwimmbad im Freien, Sauna, Kegelbahn, Tennisplätzen und dem 12 km entfernten 9- und 18-Loch-Golfplatz. *192 Zi. (alle mit Blick zum Meer), ul. Bohaterów Warszawy 26 a, PI-72-510 Międzyzdroje, Tel. 0048/91/328 10 22, Fax 328 10 22,* **€€**. Preiswerter wohnt es sich in dem unter deutschem Management stehenden *Hotel Nautilus, Promenada Gwiazd 8, Tel. 0048/91/ 328 09 99, Fax 328 23 27,* **€**. *16 km*

Insider Tipp

Nationalpark Wolin **[O]**
★ Der 110 km² große Park (Wolinski Park Narodowy) erstreckt sich von der Pommerschen Bucht (Zatoka Pomorska) bis zum Oderhaff (Zalew Szczecinski). In den Laub- und Mischwäldern verstecken sich kleine Seen, besonders schön liegt der *Jezioro Turkusowe* (Türkissee) bei Wapnica (Kalkofen), eine alte Kreidegrube mit kristallklarem Wasser, das bei Sonnenschein türkisblau schimmert. Zu den malerischsten Winkeln gehört das Dorf *Lubin* (Lobbin) mit seiner *Steilküste,* die einzigartige Blicke auf das Haff gestattet. Ein *Schaureservat für Wisente* (Rezerwat Zubrów) wurde 1976 etwa 2,7 km vom Międzyzdroje-Zentrum entfernt eingerichtet *(geöffnet Mai–Okt. tgl. 10–18 Uhr, Nov. bis April tgl. 9–15 Uhr).* Durch den Na-

Insider Tipp

tionalpark, der den Zentralteil der 265 km^2 großen Insel Wolin umfasst, führen zahlreiche markierte Wanderwege. Charakteristisch sind flache Dünen und steile Kliffküsten, die schroff zur Ostsee und zum Haff abfallen. *18 km*

Szczecin (Stettin) [0]

Die wirtschaftliche und kulturelle Metropole (250 000 Ew.) im Nordwesten Polens. Ein mit roten Balken auf dem Straßenpflaster markierter *Rundgang* führt zu 42 Sehenswürdigkeiten im Stadtzentrum. Wer in Eile ist, sollte sich wenigstens das *Alte Rathaus* (15. Jh., *Plac Rzepichy 1)* anschauen sowie das *Renaissanceschloss* der Pommerschen Herzöge (16./17. Jh.). Im Zweiten Weltkrieg völlig zerstört, in den Nachkriegsjahren wieder aufgebaut, beherbergt es heute u. a. das Kulturzentrum der Region Szczecin. Insider Tipp Vom Glockenturm haben Sie einen herrlichen Blick auf die Stadt und den Hafen. Ebenfalls wieder aufgebaut wurde die gotische *Jakobikirche* (14./15. Jh.) an der *ul. Wyszynskiego.* Das barocke *Hafentor (Brama Portowa,* einst Berliner Tor) stammt von 1724–40, das *Königstor (Brama Królewska,* einst Anklamer Tor) von 1806. Oberhalb des Hafens auf den Chrobry-Wällen beeindrucken die im Neorenaissancestil errichteten Gebäude. *98 km*

Wolin [0]

Ein verschlafenes Städtchen (3500 Ew.), das jeder passiert, der mit dem Auto von Swinemünde nach Stettin fährt. Geschichtsinteressierte halten, weil Wolin einst die sagenhafte Stadt Vineta gewesen sein soll, auch Jumneta oder Julin genannt. Das jedenfalls behaupten polnische Wissenschaftler. Im Zweiten Weltkrieg wurde Wolin zu 90 Prozent zerstört, die Wunden sind noch heute zu sehen. *28 km*

Bezaubernde Seenlandschaft: der Türkissee im Nationalpark Wolin

Geschichte und Geschichten

Die Touren sind in der Karte auf dem hinteren Umschlag und im Reiseatlas ab Seite 100 grün markiert

1 ERSTE EINDRÜCKE MIT DER BÄDERBAHN

Die Usedomer Bäderbahn verbindet alle Seebäder mit der Stadt Wolgast, dem nördlichen Eingangstor Usedoms. Viele Usedombesucher verschaffen sich mit dem Bahnausflug auf bequeme Weise einen ersten Eindruck von der Insel. Die Fahrt vom Bahnhof Wolgast Hafen bis Ahlbeck Grenze dauert 68 Minuten.

Seit 2000 fahren klimatisierte, stromlinienförmige Wagen im blauweißen Outfit, sodass die Bahn jetzt eine echte Alternative zum Auto bietet. Vom Bahnhof *Wolgast Hafen,* der dem Stadtzentrum am nächsten liegt, geht es zunächst über die Peenebrücke. Der Volksmund nennt das Bauwerk seiner Farbe wegen Blaues Wunder. Nach dem Bahnhof *Wolgaster Fähre,* dem ersten auf der Insel, fährt die Bahn auf einer schnurgeraden Gleisstrecke zum Haltepunkt *Bannemin-Mölschow (S. 50),* dann weiter nach *Trassenheide (S. 48)* und *Zinnowitz (S. 52).* Hier teilt sich der Schienenstrang; wer Richtung Nordwesten nach *Karlshagen (S. 43)* und *Peenemünde (S. 61)* möchte, steigt um und fährt noch 17 Minuten bis zum 12 km entfernten Peenemünde. Das Gleis zum nördlichsten Ort Usedoms wurde 1936 gelegt, um die dort entstehende Heeresversuchsanstalt der Nazis an das Bahnnetz anzuschließen.

Das Seebad Bansin, umrahmt von Ostsee und Schloonsee

Von Zinnowitz nach Zempin ist es nur noch ein Katzensprung. In *Zempin (S. 51)* setzte der Ferienverkehr spät ein, erst 1930 ist im Bäderführer vom »Ostseebad« die Rede. Deshalb bekam Zempin um 1935 das eingeschossige Bahnhofsgebäude. Kurz nach Zempin passieren Sie Usedoms schmalste Stelle, die Bahngleise und die B 111 verlaufen fast nebeneinander. Bereits zwei Jahre nach der Eröffnung dieses Streckenabschnitts richtete die Sturmflut 1913 schwere Schäden an, die Gleise wurden unterspült, die Bahn konnte mehrere Monate lang nicht fahren.

Über *Koserow (S. 46)* mit seinem Bahnhofsgebäude von 1915 geht es weiter nach *Kölpinsee (S. 44).* Linker Hand schimmert das Grün des Sees durch, der dem Badeort seinen

Namen gab. Auf der Weiterfahrt nach *Ückeritz (S. 50),* nach dem Haltepunkt Stubbenfelde, leuchtet rechter Hand hinter den Wiesen das weite Blau des Achterwassers. Nach Ückeritz stoppt der Zug an dem einsam liegenden *Schmollensee.* Damit haben Sie den Ostteil der Insel erreicht. Nach *Bansin (S. 37)* und dem Haltepunkt Heringsdorf-Neuhof macht die Bahn einen großen Bogen, um den Präsidentenberg bei *Heringsdorf (S. 39)* zu umfahren. Dieser Umweg hat einen unterhaltsamen Grund. Die Aktionäre der »Aktiengesellschaft Seebad Heringsdorf«, überwiegend Berliner Bankiers, waren dagegen, dass die Bahn mitten durch den Ort und die Tennisanlage fuhr. Durch den Rauch der Lokomotiven und das Rattern der Wagen sahen sie die Anziehungskraft von Heringsdorf und dadurch den Wert ihrer Aktien sinken. Ihr Einfluss bei den Regierenden in Berlin war groß: Heringsdorf bekam einen Kopfbahnhof, in dem aufwändig rangiert werden musste, die Gleise wurden nicht durch den Ort verlegt, sondern im großen Bogen um den Präsidentenberg herumgeführt.

Kurz nach der Ausfahrt des Zuges sehen Sie linker Hand die Ostseetherme, die 1999 eine eigene Haltestelle bekam. Danach fährt die Bahn durch Wald, von dem Usedom eine Menge hat. Nach 6 Minuten Fahrt rollt der Zug in den Bahnhof *Ahlbeck (S. 33),* der um 1880 errichtet und zu Beginn des 20. Jhs. erweitert wurde. Hier endete 52 Jahre lang die Bahn, denn im Potsdamer Abkommen war Usedoms Hauptort Swinemünde Polen zugesprochen worden; dorthin bestand seit Ende des Zweiten Weltkriegs kein Zugverkehr mehr. Seit 1997 jedoch fährt die Bäderbahn vom Ahlbecker Bahnhof noch etwa 2 km weiter, direkt bis zur Grenzübergangsstelle.

2 BERÜHMTEN KÜNSTLERN AUF DER SPUR

Schöne Landschaften ziehen seit jeher Künstler an, so ist es auch mit Usedom. Einige von ihnen wählten Deutschlands zweitgrößte Insel sogar zum ständigen Wohnsitz. Diese Route führt zu ihren Häusern und zu reizvollen Winkeln. Etwa 35 km sind mit dem Auto zurückzulegen, kleine Spaziergänge nicht einbezogen. Wer auch in die Gedenkstätten schaut, sollte einen ganzen Tag einplanen.

An der Taille der Insel bei *Koserow (S. 46)* beginnt die Tour, hier richtete sich nach 1933 Otto Niemeyer-Holstein (1896–1984), der Altmeister der norddeutschen Landschaftsmalerei, sein skurriles Zuhause ein. In der sandigen Einöde zwischen Meer und Bodden wuchs um einen ausrangierten Berliner S-Bahn-Waggon das private Reich des Künstlers.

Auf guter Straße erreichen Sie *Neppermin (S. 59).* Am Ufer des Nepperminer Sees hängen Reusen und Netze zum Trocknen, Fisch- und Seeadler ziehen ihre Kreise. Ein Idyll, heute wie damals, als der deutschamerikanische Maler Lyonel Feininger (1871–1956) sich ans Seeufer hockte und zeichnete. Auch das benachbarte *Benz (S. 57)* zog Feininger an. Neben der Kirche hatte es ihm die Windmühle besonders angetan, wie einige Jahrzehnte später Niemeyer-Holstein, der oft den Hang zur Mühle hochstieg. Dieser kaufte schließlich das alte, verfallene Bauwerk und ließ es wieder herrichten. Auf dem Benzer Friedhof ist Niemeyer-Holstein seinem Wunsch entsprechend begraben worden. In der Nähe wurde Rolf Ludwig beerdigt. Der 1999 verstorbene Schauspieler, der auf Usedom seinen zweiten Wohnsitz hatte, war in der DDR einer der Publikumslieblinge.

Zurück auf der Hauptstraße, geht's nach Neu Sallenthin. Der Kleine Krebssee, der Große Krebssee, rechts der Gothensee sind landschaftliche Traumbilder. Begeistert davon war auch Rolf Werner (1916–89), der hier gern malte. Von 1953 bis zu seinem Tod lebte der Künstler im nahen *Bansin (S. 37)*. Dort führt seine Witwe sachkundig durch das ehemalige Atelier in der Seestr. 60. Insider Tipp

Bei Bansin wurde der Schriftsteller und Publizist Hans-Werner Richter (1908–93) geboren. Er engagierte sich für ein demokratisches Deutschland und gründete mit anderen Autoren 1947 die »Gruppe 47«, eine Schriftstellervereinigung ohne ideologische Festlegung, die zum Kristallisationspunkt zeitgenössischer Literatur wurde und drei Jahrzehnte die (west-)deutsche Literatur prägte. Zu ihnen gehörten u. a. Ingeborg Bachmann, Günter Grass, Walter Jens und Uwe Johnson. Im alten Feuerwehr-Gerätehaus werden Richters Arbeitszimmer und weitere persönliche Gegenstände gezeigt.

Literaturfreunde fahren weiter, am Schloonsee vorbei nach *Heringsdorf (S. 39)* zur Maxim-Gorki-Str. 13, dem heutigen Museum Villa Irmgard. Hier wohnte 1922 mit mehreren Familienmitgliedern und einem Sekretär der russische Dich-

Abendrot bei Neppermin: so schön wie am Mittelmeer

ter Maxim Gorki (1868–1936). Gorkis Arbeitszimmer ist nahezu unverändert geblieben.

In der Kulmstr. 25 steht die fein restaurierte Villa Fontane, so genannt, weil in ihr 1863 Theodor Fontane wohnte. Im Gartenpavillon soll er vor allem gesessen haben, sicher deshalb, weil er von hier nach Swinemünde schauen konnte, wo er einen Teil seiner Kinderjahre verlebte. Aber auch berühmte Komponisten hatte Heringsdorf angezogen: Johann Strauß wohnte 1889 in der Villa Anna (Seestr. 17), im Hotel See-Eck (Seestraße/Ecke Kulmstraße) 1916 der Komponist der Märchenoper »Hänsel und Gretel« Engelbert Humperdinck, und im heutigen Pommerschen Hof logierte ebenfalls 1916 der Berliner Operettenkomponist Walter Kollo. Alle Häuser sind leicht zu finden, denn der Historische Verein hat kleine Informationstafeln angebracht.

3 AUF DER HALBINSEL GNITZ

Der Gnitz, der das Achterwasser von der Krumminer Wiek im Westen trennt, gehört zu den schönsten Küstenlandschaften. Der Radwanderweg hat eine Länge von etwa 20 km, er ist mit waagerechten grünen Balken markiert.

An der B 111 in *Zinnowitz (S. 52)* radeln Sie auf der wenig befahrenen Straße in Richtung Lütow los, vorbei geht es am *Ziesberg,* einer 15 m hohen Erhebung. Links schauen Sie über Felder und Wiesen bis zum Achterwasser. Nach dem Friedhof am *Ziesberg* wird der Weg zur Kirschbaumallee, die Bäume begleiten Sie bis zu dem *Eichholz* genannten Wald, in dem Sie nach links auf den Plattenweg einbiegen. Verlassen Sie den Wald, sind die ersten der so gar nicht in das herbe Landschaftsbild passenden Pumpstationen zu sehen, die seit Mitte der 60er-Jahre Erdöl und Erdgas fördern.

Sie überqueren eine Straße, die rechts nach Neuendorf führt, und fahren weiter geradeaus nach *Netzelkow (S. 55)* mit seiner am Weg stehenden Backsteinkirche, auf deren Ostgiebel sich Hahn und Kreuz als Wetterfahne drehen. Interessant ist der Sarkophag des 1747 verstorbenen Barons Lepel im Kircheninnern. Ein Schild am Kircheneingang teilt mit, bei wem der Schlüssel für die Besichtigung geholt werden kann.

Ein Hinweisschild informiert: Bis zum nächsten Ziel Lütow sind es auf dem alten Kirchsteig 3 km. Am Wegesrand verbirgt sich rechts unter einer knorrigen Eiche das einzige *Großsteingrab* Usedoms. Ist die Landstraße erreicht, kann man während eines kurzen Abstechers nach links auf das Achterwasser schauen. Der beschriebene Wanderweg führt jedoch am Lütower Ortseingang westlich weiter zum *Naturschutzgebiet Südspitze Gnitz.* Zunächst geht es am Peeneufer entlang, doch viel schönere Bilder haben Sie, wenn Sie den Hang hinaufgehen und dort das Auge über die Wiesen, das Achterwasser und den Peenestrom bis zur Kirchturmspitze von Lassan im Süden schweifen lassen.

Von *Möwenort am Südzipfel des Gnitz* führt der Wanderweg durch Wiesen und Wald zu den ersten Häusern von Neuendorf und von dort zum Ausgangspunkt zurück.

4 IM LIEPER WINKEL UNTERWEGS

Das flache Land zwischen Peenestrom und Achterwasser gehört zu den ursprünglichsten und stillsten Winkeln Usedoms. Die Radwanderung hat eine Länge von rund 26 km.

Nehmen Sie von *Usedom (S. 63)* aus die B 110 und biegen nach 3,5 km nach links ab in Richtung Lieper Winkel. Auf einer guten Asphaltstraße radeln Sie durch einen Mischwald, den *Usedomer Stadtforst,* nach *Suckow* und nehmen dort an der großen Straßengabelung den linken Abzweig. Hinter dem Dorf führt die Straße am Naturdenkmal *Sockeleiche* vorbei. Den weiteren Weg bis zum Dorf *Krienke* säumen links und rechts Kastanien. In *Rankwitz* lädt am kleinen Hafen am Ortseingang ein Fischimbiss zur Rast, oder Sie radeln noch weiter bis zur *Gaststätte Rankwitzer Hof, Dorfstr. 15, Tel. 038372/705 63,* €.

Von Rankwitz führt eine herrliche Kastanienallee nach Liepe, dessen turmlose Kirche hinter hohen Bäumen kaum zu sehen ist. Weiter geht es auf einem Plattenweg durch Wiesen und Felder nach *Reestow* und von dort in nördlicher Richtung zum *Warther Haken* mit einer kleinen Badestelle. Der am Achterwasser entlangführende Weg ist holprig, zwingt also zum geruhsamen Fahren. Das unscheinbare *Warthe* empfängt mit kleinen rohrgedeckten Häusern, einem Minihafen mit zwei, drei kleinen Booten und einem Storchennest. Am *Kusenberg* vorbei, einer Anhöhe von nicht einmal 7 m mit einer Hand voll Häusern, erreichen Sie *Quilitz.*

Radeln Sie weiter nach *Rankwitz,* wo Sie denselben Weg über Suckow zurück zur B 110 nehmen.

Landestypisches Haus in Warthe

1499
1499
Wassersportzentrum
KARLSHAGEN
Hotel am Meer
1504
1504
Wassersportzentrum
KARLSHAGEN

Angeln, Golfen und Wassersport

Zahlreich sind auf Usedom die Angebote für aktive Betätigung

Immer mehr Usedomurlauber betätigen sich aktiv, nur am Strand liegen ist nicht mehr in. Nicht wenige reisen sogar mit der Absicht auf die Insel, ihren sportlichen Neigungen nachzugehen. Im Frühjahr und im Herbst sind das vorwiegend die Angler und die Golfer, die Radler dagegen sind vom zeitigen Frühjahr bis zum späten Herbst unterwegs. Wer sich im Wasser sportlich betätigen möchte, ist nicht mehr auf die Sommermonate angewiesen, Schwimmbäder in Hotels und zwei Erlebnisbäder laden das ganze Jahr über im warmen Wasser zum Schwimmen ein. Die Ostseetherme an der B 111 zwischen Ahlbeck und Heringsdorf hat 30 bis 33 Grad warmes Wasser, in der Bernsteintherme in Zinnowitz schwimmen Sie in Meerwasser.

ANGELN

Die Ostsee vor Usedom, der Peenestrom und die Boddengewässer sind wahre Anglerparadiese. Hecht, Zander, Aal, Barsch, Karpfen, Schleie, Hornfisch und Flunder werden vor allem gefangen. Freier Fischfang ist jedoch nicht gestattet. Wer in der 12-Meilen-Zone der Ostsee, den Haff- oder Boddengewässern angeln möchte, muss einen auf seinen Namen lautenden Fischereischein mit sich führen und einen zeitlich befristeten Angelberechtigungsschein erwerben. Für die staatlichen Gewässer, also Ostsee, Achterwasser, Peenestrom und Stettiner Haff, wird er ausgestellt von der *Außenstelle des Landesamtes für Fischerei, Dorfstr. 1, 17406 Rankwitz, Tel. 038372/705 25.* Zu den besten Fanggründen rund um Usedom führen die acht- bis zehnstündigen Angeltouren für maximal vier Teilnehmer von *Angeln exklusiv, Bahnhofstr. 7, 17438 Wolgast, Tel. 03836/60 10 54.* Wer es ruhiger möchte, fährt zu den Angelteichen Ückeritz, die sich am linken Ortsausgang in Richtung Wolgast befinden *(Tel. 038375/204 47).* Regenbogen- und Lachsforellen, Aale, Karpfen, Störe und Hechte werden hier vor allem gefangen.

Insider Tipp

Wissen, woher der Wind weht: Usedom hat ideale Segelreviere

BOWLING

Der beliebte Volkssport wird bei *Bowling Kaiser in Heringsdorf (Tel. 038378/828 80)* auf neun vollautomatischen Bahnen ausgeübt. Wer noch nie gespielt hat, dem wird es erklärt. Im *Sportpoint in Trassenheide (Tel. 038371/282 18)* stehen sechs Bahnen zur Verfügung.

EISLAUFEN

Heringsdorf bietet den Usedom-Urlaubern und Einheimischen Kufenspaß. In der kalten Jahreszeit gibt es eine 30 x 60 m große Freifläche an der Promenade im Zentrum, die abends beleuchtet ist. Schlittschuhe stehen zum Mieten bereit. *Auskunft: Kurverwaltung, Tel. 038378/ 24 51*

GOLF

Zu DDR-Zeiten gab es keinen Golfplatz, seit der Einheit wird auch auf Usedom gegolft. Den *Golfpark Balmer See* zählen Golfer mittlerweile zu den schönsten in Deutschland. Denn in der unmittelbaren Umgebung des Platzes ist noch eine nahezu intakte Natur vorhanden. Von fast jedem Standort des sanft hügeligen Platzes mit 27 Spielbahnen und Driving-Range aus schauen die Spieler auf das nahe gelegene Achterwasser, auf Laub- und Kiefernwälder oder auf weidende Kuhherden. Die Golfschule bietet Einzelunterricht und Schnupperkurse an. *Golfpark Balm, Tel. 038379/281 00, www.golfhotel-usedom.de*

INLINESKATEN

Die Deichkronen – eigentlich für Radler und Wanderer asphaltiert – sind zum wahren Eldorado der Inlineskater geworden. Kühne Sprünge werden aber auch auf der Skaterbahn in Ückeritz, direkt an der B 111, hingelegt. Beliebt ist ebenfalls der Fußweg von Ahlbeck bis zur Grenze zu Polen und wieder zurück.

Das lässt die Herzen aller Golfer höher schlagen: Die hügelige, seenreiche Umgebung ist ein Traum zum Golfen. Auf zum Abschlag!

RADFAHREN

Ein etwa 120 km langes Radwandernetz steht den Radlern zur Verfügung. Über die Insel führt der 614 km lange Seenradweg, der in Lüneburg beginnt, über Anklam und die Kaiserbäder führt und in Wolgast endet. Fahrräder stehen in fast allen Ferienorten zum Mieten bereit, auch viele Hotels haben welche für ihre Gäste. Die Usedomer Bäderbahn befördert Fahrräder. *Komfort-Radwandertouren mit Gepäckservice: Die Mecklenburger Radtour, Zunftstr. 4, 18437 Stralsund, Tel. 03831/28 02 20, www.mecklenburgerradtour.de*

REITEN

Durch Wiesen, Felder und Wald des Usedomer Hinterlandes zu reiten bereitet immer mehr Touristen Freude. Ein 60 km langes, ausgeschildertes Reit- und Kutschwegenetz wurde eingerichtet. Reithallen, die das Reiten wetterunabhängig machen, sind in Bannemin, Benz und Trassenheide vorhanden. Auf Usedom einen Kremser oder eine Kutsche zu mieten ist mittlerweile ebenso unkompliziert möglich wie eine Taxibestellung. Planwagen mit Fußheizung und Klarsichtfolie als Schutz vor Wind und Regen hat der *Pferdehof Will in Ahlbeck, Tel. 038378/284 50.*

TENNIS

Die Ostseebäder Ahlbeck, Bansin, Heringsdorf und Zinnowitz bieten den Gästen Tennisplätze. Bei schlechtem Wetter oder im Winter ist Tennisspielen im *Sport- und Freizeitcenter Sportpoint in Trassenheide (Tel. 038371/282 18)* und im *Sportpark barge* in *Zinnowitz (Tel. 038377/430 50)* möglich.

WANDERN

Wandern ist die einfachste Art, im Urlaub aktiv zu sein. Sportliche Herausforderungen gibt es nicht, Usedom ist also auch für Untrainierte bestes Terrain. Von den Bergen, von denen die Einheimischen gern sprechen, sollte sich keiner abschrecken lassen. Was hier Berge genannt wird, das sind schlichte Hügel von weniger als 100 m Höhe. Das ausgeschilderte Wanderwegenetz hat eine Gesamtlänge von rund 400 km. Zahlreiche Kurverwaltungen bieten organisierte Wanderungen an.

WASSERSPORT

An der Küste und auf den Boddengewässern wird gesurft, gerudert, gesegelt und auch mit dem Motorboot gefahren, was das Zeug hält. Surfanfänger finden auf dem Achterwasser bei Ückeritz ideale Bedingungen, Könner schwärmen von der Pommerschen Bucht vor der Küste der Kaiserbäder und dem Achterwasser bei Lütow. Tret-, Ruder-, Paddel- und Segelboote stehen in fast allen Ostseebädern sowie am Kleinen Krebssee zum Mieten bereit. Die *Segelschule Rückenwind in Wolgast (Tel. 03836/60 00 13, www.segelschule-rueckenwind.de)* hat Kurse zum Erwerb des Sportbootführerscheins und speziell für Urlauber dreitägige Schnupper-Segelkurse im Programm. Kinder lernen das Segeln in der »Opti« genannten kleinen Segeljolle, das Alter beträgt sechs bis zwölf Jahre. Insider Tipp

Papagei Jacko sagt freundlich »Hallo«

Die Insel bietet auch für Kinder amüsante Vergnügungen

Tagtäglich im Sand buddeln kann mit der Zeit langweilig werden, und wenn dann noch das Wetter nicht so recht mitspielt, werden selbst die liebsten Kleinen quengelig. Viele Eltern sehen dann im Hotelschwimmbad – sofern vorhanden – den einzigen Ausweg, ihre Kleinen bei Laune zu halten. Oder Sie schicken sie auf einen der Abenteuerspielplätze, die es in fast jedem Ostseebad gibt. Doch auf Usedom gibt es noch vieles mehr, was Kinderherzen erfreut.

INSELTORE

Museumshafen **[102 C4]**
Wolgast wartet mit einem Weltrekord besonderer Art auf: Im Museumshafen liegt das älteste erhaltene Dampffährschiff der Welt. 1890 vom Stapel gelaufen, bugsierte die »Stralsund« unter anderem Waggons und Personen über den Strelasund. 1995 unternahm sie ihre letzte Fahrt, seitdem wurde sie für immer am Peeneufer vertäut. Wer sich auf der »Stralsund« wie der Kapitän fühlen möchte, schaut in die geöffnete Kapitänskammer. Neben dem Fährschiff bekam der kleine, rund 100 Jahre alte Schlepper »Steppke« seinen letzten Liegeplatz. *Mai–Sept. tgl. 10–18 Uhr, Eintritt 2 Euro*

Otto-Lilienthal-Museum **[U A6]**
Das Museum in Anklam erzählt, wie der Traum vom Fliegen Realität wurde. Verwirklicht hat ihn der in Anklam geborene Otto Lilienthal, dessen Namen das Museum trägt. 14 Flugzeugkonstruktionen Lilienthals sind zu sehen. Junge Besucher sitzen meist stundenlang an den Flugsimulatoren, die Jüngsten dagegen spielen mit den Anker-Steinbaukästen – entwickelt hat auch die Otto Lilienthal, gemeinsam mit seinem Bruder. *Ellbogenstr. 1, www.lilienthal-museum.de, Mai–Sept. Di bis Fr 10–17 Uhr, Sa, So 14–17 Uhr, Okt.–April Di–Fr 10–16 Uhr, So 14 bis 17 Uhr, Eintritt 2 Euro, Kinder 1 Euro*

BADEORTE

Kultur-Hof **[103 D–E3]**
Gänse, Schafe, Hühner, Tauben und Ponys leben im *Landwirtschaftlichen Erlebnisbereich.* In einem Bauerngarten wachsen Kräuter und seltene Gemüsesorten; auch bäuerliches Gerät ist zu sehen. Manch-

Am Strand von Zinnowitz haben Luftakrobaten ihren Spaß

mal wird Besonderes geboten: Schaudreschen, Erntefeste oder ein Hubertustag mit Jagdhornbläsern. Der *Landwirtschaftliche Erlebnisbereich* zeigt, wie sich das bäuerliche Leben und die Landwirtschaft entwickelt haben. *Mölschow, Mai bis Okt. tgl. 10–18 Uhr, Nov.–April Di bis Fr 10–16 Uhr, Sa 11–16 Uhr, Eintritt 3 Euro, Kinder 1 Euro*

Muschelmuseum **[114 C1]**

Die Meere der Welt halten Wunderschönes bereit: Schnecken, Muscheln, Korallen, Perlen und Bernstein. Die meisten der im Muschelmuseum in Heringsdorf präsentierten Gehäuse stammen aus den Philippinen und aus Thailand. Dort werden die Überbleibsel kulinarischer Genüsse nicht weggeworfen, sondern gereinigt und ein zweites Mal zu Geld gemacht. Insgesamt etwa 3000 Exponate sind in dem kleinen Museum zu sehen. Die größte ausgestellte Muschel ist 75 cm lang und 95 kg schwer, damit übertrifft sie die am Ostseestrand liegenden Muschelschalen um ein Vielfaches. *Seebrücke-Landgebäude, Mai–Sept. tgl. 9–20 Uhr, Okt.–April tgl. 10–16 Uhr, Eintritt 3 Euro, Kinder 1,50 Euro*

Storchenpark **[114 A–B2]**

In Gothen bei Heringsdorf ist vom Frühjahr bis zum Spätsommer das Klappern des Weißstorches zu vernehmen. Mit dem Klappern der Schnabelhälften wird die Paarung eingeleitet, geklappert wird aber auch bei Störungen. Beispielsweise, wenn die Besucher auf dem nahen Platz, Storchenpark genannt, sich nicht ruhig verhalten. Von hier aus ist gut der Horst auf dem schräg gegenüberliegenden Scheunendach zu beobachten. Hinweisschilder verzeichnen alle Storchenankünfte und -abflüge seit 1963. Die Nahrungsbeschaffung übernehmen beide Altvögel, einer bleibt allerdings immer auf dem Horst, er hält Wache und schützt die kleinen gegen Wetterunbilden. Damit ist in Gothen immer mindestens einer der Störche zu sehen.

Tropenhaus **[109 F4]**

Der Papagei Jacko begrüßt, wenn er gut drauf ist, die Besucher mit einem freundlichen »Hallo«. Doch absolute Lieblinge im Tropenhaus sind die quirligen Weißbüscheläffchen. In den Vogelvolieren lärmen die Sittiche und Finken, im Streichelgehege steht das Eselfohlen Jule im Mittelpunkt. Insgesamt leben etwa 150 Tiere in 30 Arten im Tropenhaus Bansin. *Goethestr. 10, www.tropenhaus-bansin.de, tgl. Mai–Sept. 10–18 Uhr, Okt.–April bis 16 Uhr, Eintritt 2,50 Euro, Kinder 1 Euro*

HINTERLAND

Phänomenta **[100 B5]**

Der Mondhüpfer reduziert das Gewicht des Benutzers auf ein Sechstel der Erdschwere, jeder kann dann meterweit hüpfen und somit erleben, wie sich die Astronauten auf dem Mond gefühlt haben. Alles, was in der Ausstellung steht, darf berührt werden. Es soll sogar angefasst werden, um spielend und oft staunend physikalische Grundgesetze zu überprüfen – Physikunterricht auf andere Art und Weise. Geduld und Geschick sind verlangt, um mit einem kleinen Magneten einer großen Tonne den erforderlichen Schwung zu versetzen. Wer schwindelfrei ist und Mut besitzt,

In Bansin können kleine Baumeister nach Herzenslust Burgen bauen

Insider Tipp darf sich in zwei Astronautentrainer setzen. Soll das Erlebte auf Papier festgehalten werden, geht´s ins Kindermalzimmer. *Museumsstr. 12, Peenemünde, www.expo-peenemuende.de, April–Okt. tgl. 10–18 Uhr, Eintritt 4 Euro, Kinder 2 Euro*

Pommersches Bettenmuseum **[100 B4]**
Die Urgroßmutter ging noch mit einer Nachthaube ins Bett, und wenn es nicht recht warm werden wollte, nahm sie die Wärmflasche mit. Wie man sich früher bettete und in anderen Ländern bettet, zeigt das Pommersche Bettenmuseum. Auch Kuriositäten sind ausgestellt, beispielsweise ein Viermann-Schlafsack für Polarforscher oder ein Nachtlicht mit Kienspänen, die gerade so lange brennen, wie man zum Ausziehen und Ins-Bett-Hüpfen benötigt. Wer möchte, kann sich in einem Bett seiner Wahl im Nachtgewand der Urgroßmutter fotografieren lassen. *Flughafen, Peenemünde, April–Okt. tgl. 10–18 Uhr, Eintritt 3 Euro, Kinder 2 Euro*

SWINEMÜNDE

Schiffsfahrt zum Nachbarn **[114–115 B–F 1–4]**
Bei der knapp einstündigen Fahrt von Bansin, Heringsdorf oder Ahlbeck gibt es vor allem bei der Einfahrt in den Swinemünder Stadthafen viel zu sehen. Für kleine Landratten ist die Schiffsreise ins Nachbarland ein Erlebnis. In Swinemünde geht es damit weiter: Mit der Fähre setzen Sie über die Swine, anschließend besteigen Sie auf dem östlichen Ufer den Leuchtturm, der den Blick dorthin ermöglicht, wo man einige Stunden zuvor losgefahren ist. *Reedereibüro, Tel. 038378/ 329 84, www.adler-schiffe.de, Fahrt 3 Euro, Kinder 1,50 Euro*

Angesagt!

Was Sie wissen sollten über Trends, die Szene und Kuriositäten auf Usedom

Heißer Jazz am Abend
Am Donnerstagabend wird in den Biergarten des *Forsthauses Damerow* gepilgert. Denn in den Sommermonaten jazzen hier namhafte nationale und internationale Bands. Auch in Heringsdorf wird oft gejazzt. Auf der Sonnenterrasse des *Hotels Esplanade* sorgt die Köstritzer Jazzband für super Stimmung. Nur frühes Erscheinen sichert einen Platz.

Die »Asphaltblase« wurde zum Kultauto
Auf Usedoms Straßen knattert mehr als anderswo der DDR-Zweitakter Trabant. Mit dem Trabi fahren Hochzeitspaare vor das Standesamt, und vornehmlich junge Touristen unternehmen als Feriengag eine Spritztour. Das Unternehmen *Fun car rent* hat in Bannemin an der B 111 *(Tel. 0170/343 54 44)* eine Trabi-Flotte stationiert, die Nachfrage ist enorm. Nach der Einheit wurde der Trabant für tot erklärt. Doch die »Asphaltblase« – neben »Fahrpappe« und »Gehhilfe« einer der Kosenamen – lebt.

Hühnergötter als Glücksbringer
Hühnergott heißen die kleinen durchlöcherten Feuersteine, denen Wunderwirkungen nachgesagt werden. Junge Leute haben sie zum Glücksbringer erkoren. Eifrig wird am Strand Usedoms nach kleinen Exemplaren gesucht, die in die Geldbörse wandern, damit das Geld nie ausgehen möge.

»Ostalgie« ist trendy
Eltern schleppen ihre Kinder ins Zweiradmuseum nach Dargen, um ihnen die dort zahlreich gesam-

melten Gegenstände aus dem DDR-Alltag zu zeigen. Club-Cola-Partys sind fetzig, und nach der Einheit aus den Regalen aussortierte Ost-Produkte sind trendy. Wenn die einstigen DDR-Starbands *Lift, Stern Meissen* oder *Elektra* in der Zinnowitzer Freilichtbühne abrocken, kommen Schulklassen geschlossen anmarschiert. Es ist Kult unter jungen Leuten, die Musik zu hören, mit denen ihre Eltern groß geworden sind. Mittlerweile beschäftigen sich sogar Wissenschaftler mit dem Phänomen, das sie Ostalgie nennen.

Von Anreise bis Zeitungen

Hier finden Sie kurz gefasst die wichtigsten Adressen und Informationen für Ihre Usedomreise

ANREISE

Auto
Aus Richtung Berlin auf der A 11 bis zum Autobahnkreuz Uckermark, weiter auf der neuen A 20 bis Pasewalk und von dort auf der B 110 auf die Insel. Aus Richtung Hamburg auf der neuen A 20 bis Rostock, weiter auf der A 20 und B 110 über Greifswald nach Wolgast oder über Demmin nach Anklam.

Bahn
Aus dem Norden bis Stralsund, aus dem Süden bis Züssow an der Strecke Berlin–Greifswald–Stralsund und weiter mit der Usedomer Bäderbahn. Die fährt nach Peenemünde (umsteigen in Zinnowitz) und zur Grenze bei Ahlbeck. Im Sommer gibt es Nachtzugverbindungen aus dem Rhein-Ruhr-Gebiet und aus München nach Züssow.

Flugzeug
Zum Flugplatz Heringsdorf besteht von Mai bis Oktober Linienflugverkehr: von Dortmund mit Anschlussflügen von mehreren deutschen Städten Do und Sa (Eurowings), von Mannheim, Saarbrücken und Karlsruhe/Baden-Baden via Berlin Di und Sa (Cirrus Airlines). *Airport Touristik Center, Tel. 03876/200 30, Fax 200 40, www.flughafen-heringsdorf.de*

AUSKUNFT

Usedom Tourismus GmbH
Bäderstr. 5, 17459 Seebad Ückeritz, Tel. 038375/234 10, Fax 221 52, Servicetelefon rund um die Uhr: 01805/87 33 66 (12 Cent/Min.)

BADEN

Große Strandbereiche werden von der Deutschen Lebensrettungsgesellschaft (DLRG) bewacht. Aus Sicherheitsgründen sollte nur dort gebadet werden. Badeverbot wird signalisiert, wenn zwei rote Korbbälle oder eine rote Fahne hochgezogen wurden. Ein Korbball oder eine gelbe Fahne signalisiert: Badeverbot für Nichtschwimmer und Kinder.

BRÜCKENSPERRUNGEN

Um auch größeren Schiffen die Durchfahrt zu ermöglichen, werden die beiden Brücken, die Usedom mit dem Festland verbinden, mehrmals am Tag zu festen Zeiten

www.marcopolo.de

Das Reiseweb mit Insider-Tipps

Mit Informationen zu mehr als 4000 Reisezielen ist Marco Polo auch im Internet vertreten. Sie wollen nach Paris, in die Dominikanische Republik oder ins australische Outback? Per Mausklick erfahren Sie unter www.marcopolo.de das Wissenswerte über Ihr Reiseziel. Zusätzlich zu den Reiseführerinfos finden Sie online:

- täglich aktuelle Reisenews und interessante Reportagen
- regelmäßig Themenspecials und Gewinnspiele
- Miniguides zum Ausdrucken

Gestalten Sie Marco Polo im Web mit: Verraten Sie uns Ihren persönlichen Insider-Tipp, und erfahren Sie, was andere Leser vor Ort erlebt haben. Und: Ihre Lieblingstipps können Sie in Ihrem Marco Polo Notizbuch sammeln. Entdecken Sie die Welt mit www.marcopolo.de! Holen Sie sich die neuesten Informationen, und haben Sie noch mehr Spaß am Reisen!

hochgeklappt: Peenebrücke Wolgast (B 111): *5.20–5.50, 7.40–8.00 (Mai–Anf. Okt.), 8.40–9.10 (Anf. Okt.–April), 12.40–13.10, 16.40 bis 17.10, 20.40–21.10 Uhr, 23.30 bis 24.00* (nur auf Anforderung), Peenestrombrücke bei Zecherin (B 110): *5.35–5.50, 8.35–8.50, 12.35 bis 12.50, 16.35–16.50 und 20.35 bis 20.50 Uhr*

GRENZÜBERTRITT

Nur Fußgänger und Radfahrer dürfen den gegenwärtig noch einzigen Grenzübergang auf Usedom Ahlbeck/Swinoujscie an der B 111 nach Polen passieren, geöffnet ist er rund um die Uhr. Fragen zum Grenzübertritt: *Bundesgrenzschutz, Tel. 038378/23 00; Zollamt, Tel. 038378/46 51 10.*

Währungseinheit ist in Polen der Zloty (zl), der 100 Groszy (Gr) hat. Die Ein- und Ausfuhr von Zloty ist verboten, frei konvertierbare Währungen unterliegen keinen Beschränkungen, umfangreiche Summen sollten jedoch deklariert werden. Größere Hotels und Geschäfte in Polen akzeptieren Kreditkarten.

INTERNET

Informationen über Usedom: *www.usedom.de*; einiges über das Nachbarland Polen: *www.polen-info.de*; die Livekamera mit Blick auf die Ahlbecker Seebrücke: *www.usedom-touristik.de/LiveCam/LCZentrale.html*, aktuelle Veranstaltungshinweise für Usedom: *www.usedom-aktuell.de*; Rundblicke von Peenemünde, Zinnowitz, Kölpinsee, Bansin, Ahlbeck, Heringsdorf und anderen Orten im virtuellen »Online-Bernstein« (Panoramabild als Motiv in einem virtuellen Bernstein): *www.online-bernsteine.de*; das Wetter auf Usedom: *www.wetterwarte-mv.de*

INTERNETCAFÉS

Internetanschluss in den Hotels ist, vor allem in den Ferienhotels, noch relativ selten. Für diejenigen, die ihre E-Mails vom Laptop aus abfragen möchten, seien folgende Adressen genannt: *Kaiserbäder-Internet-Café in Heringsdorf, Friedensstr. 17, Tel. 038378/330 86, www.kaiserbaeder-i-cafe.de; Internet-Café Nautic in Koserow, Triftweg 4, Tel. 038375/25 50, www.hotel-nautic.de*

KURTAXE

In allen Badeorten wird Kurtaxe erhoben, Kinder und andere Ermäßigungsberechtigte zahlen die Hälfte. Die Kurtaxe wird meist in den Hotels und Pensionen kassiert. Die Kurkarte berechtigt häufig zum ermäßigten Eintritt bei Veranstaltungen, so ist es sinnvoll, sie immer bei sich zu haben. Tagesbesucher, die den Strand in der Ortslage nutzen, haben an Automaten, bei Strandkorbvermietern oder in der Kurverwaltung eine Tages-Kurkarte zu lösen.

NOTRUFE

Feuerwehr, Rettungsdienst:
Tel. 112
Polizei: *Tel. 110*
Pannennotruf des ADAC rund um die Uhr: *Tel. 01802/22 22 22*

ÖFFNUNGSZEITEN

Wer bei den Restaurants sichergehen möchte, ob geöffnet ist, sollte sich telefonisch erkundigen. Kleinere Restaurants haben außerhalb der Saison oftmals einen oder zwei Ruhetage. Bei Museen ist letzter Einlass oft eine Stunde vor der genannten Schließung. Die Türen der Dorfkirchen auf Usedom sind, entgegen den Gepflogenheiten in Mecklenburg-Vorpommern, in den Sommermonaten fast überall geöffnet. Bei den Geschäften gilt die Bäderregelung: Von März bis Oktober dürfen sie samstags bis 20 Uhr, sonntags von 12–18 Uhr öffnen.

PREISE

In den Badeorten ist meist alles teurer als im Hinterland, bei den Übernachtungspreisen ebenso wie beim Essen. Wer mit einer schmaleren Geldbörse First Class wohnen möchte, kann das von Mitte Oktober bis vor Weihnachten und von Anfang Januar bis Mitte April. Da

Was kostet wie viel?

Kaffee	**ca. 2,50 Euro** für ein Kännchen
Bier	**ca. 1,90 Euro** für 0,3 l vom Fass
Kurtaxe	**max. 2,30 Euro** pro Tag in der Hauptsaison
Strandkorb	**max. 6 Euro** Miete pro Tag
Fahrrad	**5–6 Euro** Miete für einen Tag
Schwimmbad	**8,50 Euro** für 3 Std. in der Ostseetherme

Insider Tipp bieten schicke Hotels das Doppelzimmer mit Frühstück für nur 55 Euro an. Gängige Kreditkarten werden in den meisten Hotels und größeren Restaurants akzeptiert. Bankautomaten gibt es in den Badeorten.

STRANDKÖRBE

Von Mai bis in den Oktober hinein stehen sie am Strand zum Mieten. Viele Hotels und Pensionen besitzen eigene Strandkörbe. Wer keinen mietet, sollte einen Windschutz aufstellen.

TELEFON & HANDY

Usedom besitzt eins der modernsten Telefonnetze in Deutschland. In den reichlich vorhandenen öffentlichen Telefonzellen gibt es meist Kartentelefone, fast alle Hotelzimmer haben Telefon. Handybesitzer brauchen nur kleine Funklöcher zu beklagen.

VERANSTALTUNGSHINWEISE

Das Kultur- und Veranstaltungsmagazin »Usedom aktuell« erscheint neunmal im Jahr. In ihm finden Sie Veranstaltungshinweise und viele aktuelle Informationen. Die enthält auch das zweimal im Jahr erscheinende repräsentative »Usedom exclusiv«. Beide Hefte sind in Kurverwaltungen, Hotels und Geschäften erhältlich.

ZEITUNGEN

Die regionalen Zeitungen sind die Ostsee-Zeitung sowie der Usedom-Kurier. Beide erscheinen Mo–Sa.

Wetter auf Usedom

	Jan.	Feb.	März	April	Mai	Juni	Juli	Aug.	Sept.	Okt.	Nov.	Dez.
Tagestemperaturen in °C	2	2	6	10	16	20	21	21	18	13	7	3
Nachttemperaturen in °C	–3	–3	–1	3	7	11	13	13	10	6	2	–1
Sonnenschein Std./Tag	1	2	4	6	8	9	8	7	6	4	2	1
Niederschlag Tage/Monat	9	8	8	8	9	9	10	9	9	9	9	10
Wassertemperaturen in °C	3	2	3	5	9	13	17	17	15	12	8	5

Reiseatlas Usedom

Die Seiteneinteilung für den Reiseatlas finden Sie auf dem hinteren Umschlag dieses Reiseführers

- 111 Bundes- bzw. KFZ-Straße mit Nummer
- Wichtige Hauptstraße
- Hauptstraße
- Nebenstraße
- Straße in Bau/Planung
- Fahrweg
- Straße für Kraftfahrzeuge gesperrt
- Straße für Kraftfahrzeuge gegen Gebühr
- Straßentunnel, -brücke
- Karrenweg, Fußweg
- Pfad
- Dünenschutzweg
- Nationalpark- bzw. Naturschutzgebietsgrenze
- Eisenbahn mit Bahnhof
- Ausflüge & Touren
- Wanderweg mit örtlicher Markierung
- Fahrradverleih, Radweg
- Autofähre
- Personenfähre
- Schifffahrtslinie mit Anlegestelle
- Kanal mit Schleuse
- Kirche im Ort, freistehend
- Kapelle, Wegkreuz, Gedenkstein
- Denkmal, Ehrenmal
- Schloss, Burg
- Schloss-, Burgruine
- Kloster-, Klosterruine
- Leuchtturm
- Aussichtsturm
- Funk- bzw. Fernsehturm

- Hafen, Ankerplatz
- 25 Höhenpunkt
- Kraftwerk, Staudamm
- Mühle
- Information
- Hervorragende Bäume
- Campingplatz
- Golfplatz, Minigolf
- Tennisplatz, Sportplatz
- Flugplatz, Segelflugplatz
- Reitstall
- Hallenbad
- Schwimmbad geheizt, ungeheizt
- Freibademöglichkeit, Bewachter Badestrand
- Schöner Ausblick
- Bootsverleih
- Gasthof bzw. Hotel (außerhalb des Ortes)
- Restaurant, Café ohne Übernachtung (außerhalb des Ortes)
- Schutzhütte, Unterstand
- Omnibushaltestelle
- Unfallstation, Krankenhaus
- Hünen- bzw. Hügelgrab, Ringwall
- Großsteingrab, Findling
- Museum
- Jugendherberge
- Tankstelle
- Parkplatz mit Rundwanderweg
- Parkplatz, Parkhaus
- Quelle, Brunnen
- Staatsgrenze

A
B
C
1
2
3
4
5
6
1 km
Insel Ruden
Greifswalder Oie 1½ h
Peene
Naturschutzgebiet
Peenemünder Haken
Struck und Ruden
Haken
Peenemünde – Göhren, Sellin, Binz
1 h
Lauterbach, Gager, Thiessow
Struck
Knaakrücken
Mövenort
Kaase-
wiese
Ehemaliges
Raketen-
Versuchsgelände
Flugplatz
Peenemünde
Bettenmuseum
Spandowerhagener
Wiek
Kölpien-
see
N A T U R P A R K
Gustav-Adolf-
Gedenkstein
Historisch - technisches
Informationszentrum
Peenemünde
Freest
Alte
Kiefern
U S E D O M
Kröslin
Krösliner
See
Marina
Kröslin
NSG
Großer
Wotig
Grosser
Wotig
Niedervoddow
102
100

D
E
F
1
2
3
4
5
6
der
O S T S E E
oße
Strand-
wiese
Kien-
heide
Naturschutz-
zentrum
HP
Karlshagen Dorf
FKK-
Strand
Karlshagen
101
103

A
B
C
100
1
2
3
4
5
6
Niedervoddow
Voddow
Grosser Wotig
Kleiner Wotig
Hollendorf
Teufelsstein
Teufelsstein
Karrin
Sandhof
Mittelhof
Roh
Groß Ernsthof
Texer Ort
TANNENKAMP
Spitzen-
horn
1
WOLGAST
Schlossinsel
Museums-
hafen
WOLGASTER
Siebeneichenberg
Schalense
Holz-
häuser
41,7
NEUSTADT
111
E9
Zieseberg
49,1
13,2
Alte Schanze
Sauziner
Bucht
Sauzin
Hohendorfer
See
Schulzenort
Hohendorf
Ziemitz
Zur Reuse
Negenmarkrinne
Zarnitz
102

Karlshagen Dorf
D
E
F
101
Karlshagen
1 km
1
Reiterhof
Ehrenmal
FKK-Strand
Hunde-strand
Großer See
HP Trassenmoor
2
Trassenheide
Waldhof
Birkenhain
HP Trassenheide
Sport-Freizeit-Center
Mölschow
Zecherin
1
3
Landwirtsch. Erlebnisbereich
Hp Bannemin Mölschow
111
Ausbau Bannemin
Bannemin
Lindenallee
Großer Strumminsee
Torfheide
4
Pyramiden-eiche
Krummin
Klosterkirche St. Michael
3
Fischstübchen
Neeberg
Buchberg
24,3
5
Erdölfeld
19,7
Kastenberg
Neuendorf
Kruminer
Wiek
3
6
Gnitz
103
106

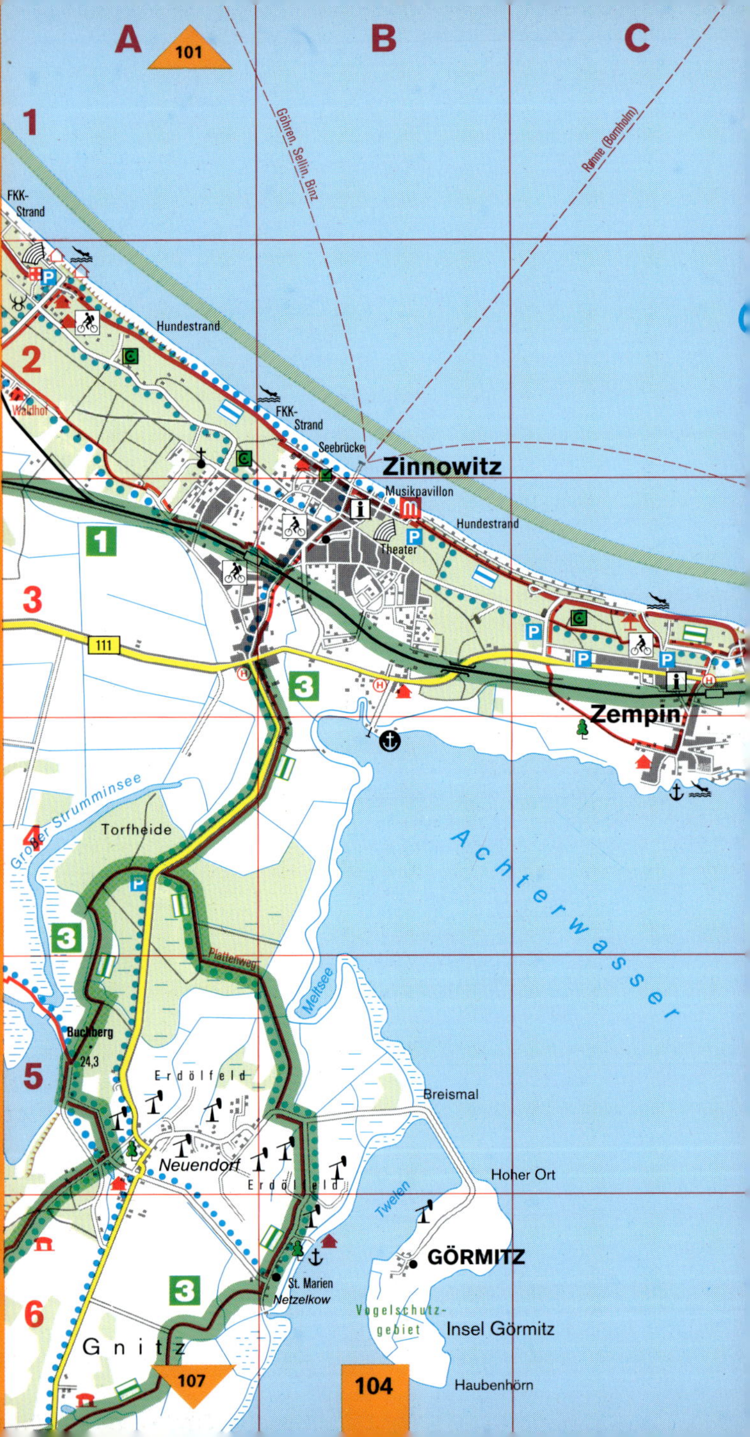

A
B
C
101
1
2
3
4
5
6
Göhren, Sellin, Binz
Rønne (Bornholm)
FKK-Strand
Hundestrand
Waldhof
FKK-Strand
Seebrücke
Zinnowitz
Musikpavillon
Hundestrand
Theater
111
Zempin
Großer Strumminsee
Torfheide
Achterwasser
Plattenweg
Meltsee
Buchberg
24,3
Erdölfeld
Breismal
Neuendorf
Erdölfeld
Hoher Ort
Twelen
GÖRMITZ
St. Marien
Netzelkow
Vogelschutzgebiet
Insel Görmitz
Gnitz
107
Haubenhörn

D
E
F
1 km
1
2
3
4
5
6
S T S E E
FKK - Strand
Gedenkatelier
eyer - Holstein
Lütten Ort
Forsthaus Damerow
Salzhütten
Koserow
Seebrücke
NSG Streckelsberg
56,0
Streckelsberg
Kölpinsee
Wilhelmshöhe
Heimatstube
Kölpinsee
FKK - Strand
Świnoujście (Swinemünde)
Stubbenfelde
43,3
Loddin
111
105
108
Ückeritz

A
B
C
1
2
3
4
5
6
G
103
110
106
Krumminer
Wiek
Peenestrom
NATURP
19,7
Kastenberg
Rieke-
stein
Lüto
Weißer Berg
32,1
NSG
Südspitze
Gnitz
Fischerhaus
Alt Bauer
Bauerberg
23
Bauerberg
Bauer
Wehrland
30,5
Buchen-
berg
Waschow
Klein Jasedow
Lassaner
Bucht
LASSAN
Heimatmuseum
Lassaner Mühle
Pulower
See
Papendorf
Papenberg
27,9
Papendorfer
See
Kreideberg
35,7

Neuendorf
D
Erdölfeld
E
Hoher Ort
F
104
Twelen
GÖRMITZ
1 km
1
3
St. Marien
Netzelkow
Vogelschutz-
gebiet
Insel Görmitz
Haubenhörn
Achterwasser
2
RK USEDOM
Trockenort
Grüssower Ort
3
4
Warthe
Teufelsstein
Lieper
Grüssow
Reestow
Winkel
4
Schwenkenberg
5,8
Liepe
Quilitz
Kreuzer Ort
5
Fischzucht
Jungfernberg
18,4
Rankwitzer
Hof
Krienker
See
Rankwitz
Dewichow
Schwarzer Berg
12,3
4
6
107
111

A
B
C
105
1 km
Stubbenfelde
43,3
Loddin
Loddiner Höwt
22,7
16,1
111
Ückeritz
Deutsches Haus
NSG Wockninsee
Wald-lehrpfad
Stagnieß
Usedomer Gesteinsgarten
Schiffbr
Herrenweg
Achterwasser
Große Beek
Reitbahnweg
Pudagla
Teufelsstein
NSG Cosim Halbinsel Cosim
Balmer See
Golf- und Landhotel Balmer See
NSG Inseln Böhmke und Werder
Schwedenschanze
Balm
Nepperminer See
Stoben
NSG Mellenthiner Os
Neppermin
38,6
112
108
1
2
3
4
5
6

D
E
F
1
2
3
4
6
OSTSEE
FKK-Strand
Badeweg
Altes Grenzgestell
Witten-wiese
Alte Eiche
Heuberg
28
HP
Pudagla Ausbau
Alte Eiche
NSG
Mümmelkensee
Langer Berg
54
Langenberg
Langenberg
Bansin
Swinoujscie Heringsdorf
Seebrücke
Musikpavillon
Platter Berg
54
Tropenhaus
Schloon-see
Villa Irmgard
111
40,7
Schäferberg
Schmollen-
Großer Krebssee
Fangel
Sagenstein
Am Schmollensee
see
Sellin
Neu Sallenthin
NSG
Kleiner Krebssee
Sieben-Seen-Berg
Viktoriahöhe
54,9
Bansin Dorf
Alte Buche
Sallenthin
Neuhof
Alte Douglasie
Buchfinks-berg
Steinerner Tisch
Gothen-see
Gothen
Rennbahnweg
Schwalbennest
Kückelsberg
58,3
Reetzow
22,3
109
113

A
B
C
106
Kreideberg
35,7
1
2
3
4
5
6
Kienmoor
Krähenmoor
Lentschow
Mühlengraben
Buggenhagen
Berliner See
Schloßsee
Großes
Jamitzow
Wangelkow
Scholwer See
Großer See
Straßensee
Butterberg
10,4
Kieksberg
24,7
Jamitzower Hard
Lienholz
Klotzow
Pinnower Forst
Johannisberg
Großes Bruch
Peenestrom
Fährhof
Kettelort
110
VOSSE
Usedomer Winkel
GNEVENTHIN
GELLENTHIN
ZECHERIN
NSG Schadefähre Peenetal-moor
Schwemmort
Großer Ort
Der Strom
Jahnkenort
KÖLPIN
WILHEL
KARNIN
Reste der ehemaligen Eisenbahnhubbrücke
Anklamer Fähre
Kamp
GÜST
Mausoleum
MÖNCHOW

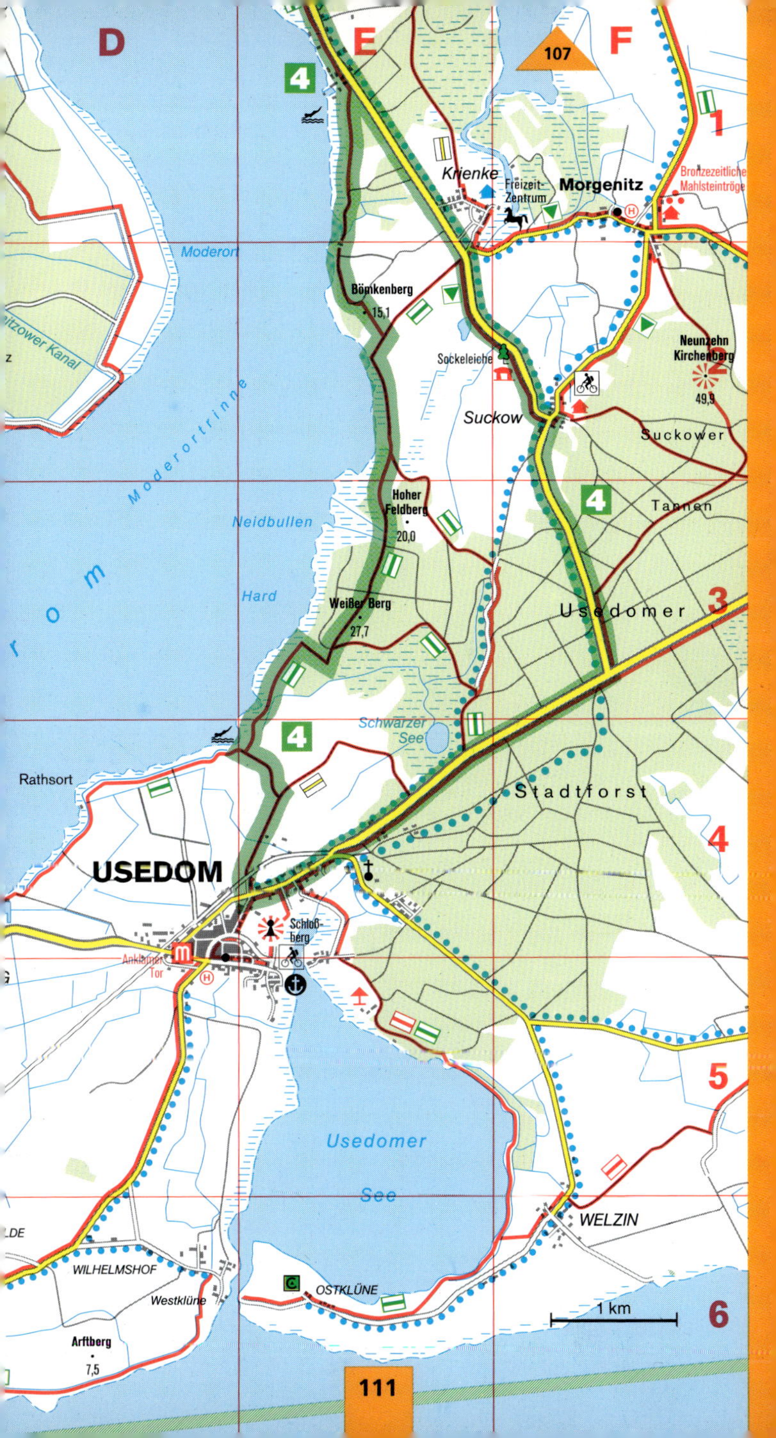
D
E
F
107
1
2
3
4
5
6
Krienke
Freizeit-Zentrum
Morgenitz
Bronzezeitliche Mahlsteintröge
Moderort
Bömkenberg
15,1
Sockeleiche
Neunzehn Kirchenberg
49,9
Suckow
Suckower
Tannen
Moderortrinne
Neidbullen
Hoher Feldberg
20,0
Hard
Weißer Berg
27,7
Usedomer
Schwarzer See
Rathsort
Stadtforst
USEDOM
Schloß-berg
Anklamer Tor
Usedomer
See
WELZIN
WILHELMSHOF
Westklüne
OSTKLÜNE
1 km
Arftberg
7,5

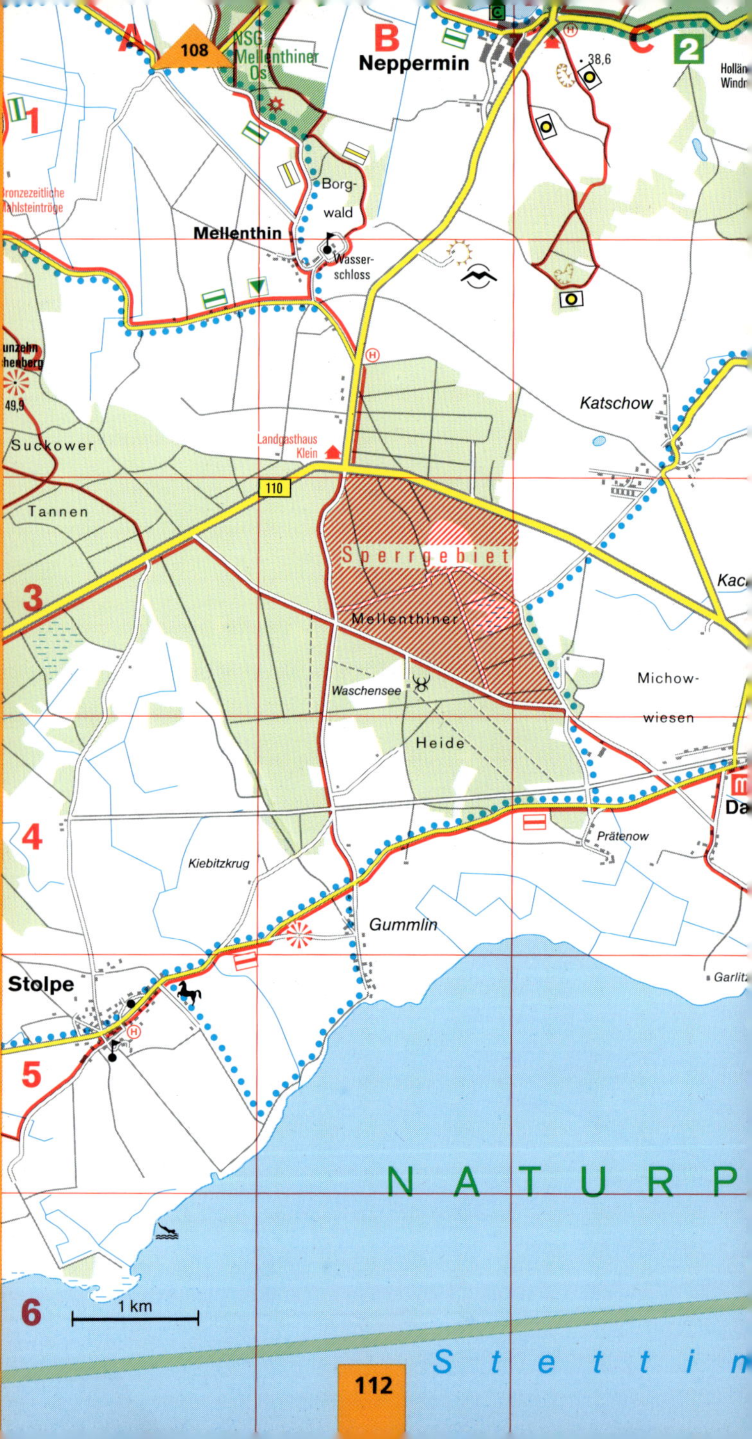

A
108
NSG
Mellenthiner
Os
B
Neppermin
C
2
38,6
Holländ
Windm
1
Bronzezeitliche
Mahlsteintröge
Borg-
wald
Mellenthin
Wasser-
schloss
unzehn
henberg
49,9
Katschow
Suckower
Landgasthaus
Klein
110
Tannen
Sperrgebiet
Kac
3
Mellenthiner
Michow-
Waschensee
wiesen
Heide
Da
4
Prätenow
Kiebitzkrug
Gummlin
Stolpe
Garlitz
5
N A T U R P
6
1 km
S t e t t i n

D
E
F
109
Benz
Schwalbennest
Kückelsberg
58,3
Reetzow
22,3
Gothen-
see
NSG Gothensee und Thurbruch
Rennbahnweg
Seehof
Labömitz
Idyll am Wolgastsee
Korswandt
Ulrichshorst
Thurbruch
Kachliner
See
Krebssee
Windkraft-
Schöpfwerk
Zirchow
Dammwiesen
Knüppelgraben
Gorke
St.-Jakobus-Kirche
n Eikboom"
110
Kutzow
Flughafen Heringsdorf
Neverow
Bossin
1
2
3
4
5
6
ARK USEDOM
er Haff
113

Schaferberg
Großer Krebssee
Fangel
Schloonsee
109
111
A
B
C
Villa Irmgard
Bansin
Heringsdorf
1
2
Neu Sallenthin
NSG Kleiner Krebssee
Bansin Dorf
Alte Buche
Seebrücke
Muschelmuseum
Sternwarte "Manfred v. Ardenne"
Neuhof
Sallenthin
Alte Douglasie
Buchfinksberg
HP Heringsd.-Neuhof
Steinerner Tisch
Präsidentenberg
45,5
Wildpark
Ostsee-therme
Seet
Gothen-
Gothen
Rennbahnweg
Parchenwiesen
Brandhorst
Zirowberg
60,0
Seehof
NSG Gothensee und Thurbruch
see
3
Ahlbecker
Forst
Idyll am Wolgastsee
Korswandt
Marklein-eiche
Wolgastsee
Ulrichshorst
hur
4
ruch
Krebssee
NSG Zerninsee
Zerninsee
Knüppelgraben
5
Zirchow
St.-Jakobus-Kirche
110
Kutzow
Garz
Flughafen Heringsdorf
Neverow
Kar
6
113

D
E
F
1
2
3
4
5
6
København 9 h
Malmö 9 h
Ystad 7–10 h
1 km
O S T S E E
Pommersche Bucht
Zatoka Pomorska
Bf. Ahlbeck-Grenze
Grenzübergang nur für Fußgänger und Radfahrer
ŚWINOUJŚCIE
(SWINEMÜNDE)
Festungsanlagen
Park Zdrojowy
(Kurpark)
Fischereimuseum
Swinoport
bud. przemysłowe
(Industriehafen)
PŁACHCIN
E 65
KLICZ
(KLÜSS)
Świna (Swine)
W - a Mielino
(Der Mellin)
OGNICA
(WERDER)
Kanał Mieliński (Mellinfahrt)
PAPROTNA
(FRIEDRICHSTHAL)
Pływ.
Mielin
(Mellin)
Mulnik
Mahnmal
NSG
Golm
111
E9
3

In diesem Register sind alle in diesem Führer erwähnten Orte und Ausflugsziele verzeichnet. Halbfette Seitenzahlen verweisen auf den Haupteintrag, kursive auf ein Foto.

Orte und Ausflugsziele

Personen

Unterkünfte

Schreiben Sie uns!

Liebe Leserin, lieber Leser,

wir setzen alles daran, Ihnen möglichst aktuelle Informationen mit auf die Reise zu geben. Dennoch schleichen sich manchmal Fehler ein – trotz gründlicher Recherche unserer Autoren/innen. Sie haben sicherlich Verständnis, dass der Verlag dafür keine Haftung übernehmen kann. Wir freuen uns aber, wenn Sie uns schreiben.

Senden Sie Ihre Post an die MARCO POLO Redaktion, Mairs Geographischer Verlag, Postfach 31 51, 73751 Ostfildern, marcopolo@mairs.de

Impressum

Titelbild: Seebrücke, Ahlbeck (laif: Kirchner)
Fotos: Colorvision: Uthoff (18); R. Hackenberg (72, 73); HB Verlag: Kirchner (U M., 1, 2 o., 5 l., 7, 11, 24, 25, 27, 30, 32, 33, 40, 44, 54, 55, 56, 64, 86); O. Heinze (20); F. Ihlow (U l., 26, 46, 48, 81, 83); laif: Kirchner (2 u., 9, 12, 22, 36, 84, 88, 91, 92, 97), Zanettini (60, 74, 77); Look: Dressler (U r., 6); A. Sperber (78); T. Stankiewicz (5 r., 28, 62); K. Thiele (4, 15, 16, 58); B. Wurlitzer (38, 66, 67, 68)

7., aktualisierte Auflage 2003 © Mairs Geographischer Verlag, Ostfildern
Herausgeber: Ferdinand Ranft, Chefredakteurin: Marion Zorn
Redaktion: Elke Arriens-Swan, Bildredaktion: Gabriele Forst (Leitung), Carmen Kubitz
Kartografie Reiseatlas: © Kompass Karten GmbH, A-Rum/Innsbruck
Gestaltung: red.sign, Stuttgart
Sprachführer: in Zusammenarbeit mit dem Ernst Klett Verlag GmbH, Stuttgart, PONS Wörterbücher

Printed in Germany. Gedruckt auf 100% chlorfrei gebleichtem Papier

Bloß nicht!

Worauf Sie achten sollten, damit Ihre Urlaubsfreude nicht getrübt wird

Fischwilderei begehen
Wer ohne Angelerlaubnis angelt, begeht Fischwilderei. Die wird geahndet. Zu den Fanggeräten der Berufsfischer sind mindestens 100 m Abstand zu halten.
Die Fischmeister haben als Hilfsbeamte der Staatsanwaltschaft polizeiliche Befugnisse, sie ahnden als Bußgeldbehörde die Vergehen. Ihnen sind die Dokumente, die Fanggeräte und die gefangenen Fische vorzuzeigen.

Leichtsinnig sein beim Baden
Bei bewachten Stränden ist der Badebereich durch Bojen abgesteckt. Mut und Sportlichkeit sollten nicht durch Missachtung dieser Begrenzungen demonstriert werden. Achten Sie auch auf plötzlich aufkommende ablandige Winde, die Luftmatratzen und kleine Boote schnell auf See treiben. Ohne fremde Hilfe kommen diese selten wieder an Land. Ärger gibt es für jene, die unbegründet um Hilfe rufen.

Dünenschutz missachten
Die durch Strandhafer gefestigten Dünen dienen als Bollwerk gegen Sturmhochwasser, sie dürfen nur auf Wegen überquert werden. Wer Burgen in den Dünen baut, muss mit einer Geldstrafe rechnen, der Schutzabstand zum Dünenfuß muss mindestens 2 m betragen.

FKK-Anhänger fotografieren
Auf Usedom stößt sich keiner daran, wenn andere sich nicht völlig entkleidet am FKK-Strand tummeln oder am Wasser entlangwandern und diese Bereiche passieren. Eins wird aber generell nicht geduldet: Schaulustige, die mit der Kamera auf Motivjagd gehen.

Kletterpartien am Steilufer unternehmen
Unaufhörlich nagen Sturm und Regen am Streckelsberg, am Langen Berg, an der Südspitze der Halbinsel Gnitz und bei Kamminke, oft kommt es zu Abstürzen von Uferpartien und Steinschlag. Deshalb ist es lebensgefährlich, sich zu nah an den Rand des Steilufers zu wagen oder Kletterpartien zu unternehmen.

Alles für Bernstein halten
Mancher glaubt Bernstein gefunden zu haben, doch es sind nur gelbbraune Kieselsteine oder vom Meer abgeschliffene braune Glasscherben. Ob es Bernstein ist, lässt sich leicht feststellen: Bernstein lädt sich beim Reiben an der Kleidung elektrostatisch auf und zieht kleine Papierschnitzel an, im Wasser (zwei Esslöffel Kochsalz in einem Glas auflösen) schwimmt er wegen seiner geringen Dichte.